画说道路交通安全法规

第二版

王淑君 主编

U0319545

化学工业出版社

·北京·

内容简介

本书精心选取了最新《中华人民共和国道路交通安全法》及《中华人民共和国道路交通安全法实施条例》中的常用与实用内容，并依据最新《机动车驾驶证申领和使用规定》《机动车登记规定》和《道路交通安全违法行为记分管理办法》编写而成。全书对道路交通安全相关法律法规进行了详细解读，图文并茂，同时配有精美的MP4三维动画演示视频讲解，易于理解和掌握。

本书交通信号部分采用最新的道路交通标志和标线，附录配有最新道路交通安全违法行为记分分值。

本书既适合已经取得驾驶证的人员学习、完善驾驶技术，也适合正在驾校学车考证的人员阅读，还可作为相关院校和驾校等驾驶培训机构组织日常教学及培训的参考教材（提供电子课件PPT）。

图书在版编目（CIP）数据

画说道路交通安全法规/王淑君主编. —2版. —北京：
化学工业出版社，2023.10
ISBN 978-7-122-42787-8

Ⅰ.①画… Ⅱ.①王… Ⅲ.①道路交通安全法-中国-
图解 Ⅳ.①D922.14-64

中国国家版本馆CIP数据核字（2023）第127842号

责任编辑：黄　滢　　　　　　　　　　　装帧设计：刘丽华
责任校对：宋　玮

出版发行：化学工业出版社（北京市东城区青年湖南街13号　邮政编码100011）
印　　装：北京瑞禾彩色印刷有限公司
787mm×1092mm　1/16　印张13　字数273千字　2024年1月北京第2版第1次印刷

购书咨询：010-64518888　　　　　　　　售后服务：010-64518899
网　　址：http://www.cip.com.cn
凡购买本书，如有缺损质量问题，本社销售中心负责调换。

定　　价：69.90元

前言

随着国内汽车驾驶员数量的日益增多，道路交通事故也越来越频繁，交通安全问题已经成为人们普遍关心的社会问题。究其原因，主要是由于驾驶员对道路交通安全问题重视不够，不遵守交通安全法律法规，不按交通规则行驶造成的。尤其是一些驾驶新手们，由于技术不够娴熟、缺少行车经验，遇到危险来不及躲避，最终酿成交通事故。

为帮助广大汽车驾驶员熟悉和尽快掌握道路交通安全常识，避免和减少交通事故，在化学工业出版社的组织下，特编写出版了《画说道路交通安全法规》一书。该书的特点是以图为主进行介绍，文字内容简洁、通俗易懂，因此自上市以来便受到读者的广泛欢迎和一致好评，已累计印刷多次，销售过万册。

时间飞快，转眼间该书出版至今已近10年了，考虑到10年间道路交通法律法规相关内容不断更新，而且读者也曾对该书提出了许多宝贵的意见和建议，因此，拟对该书进一步修订和更新，推出新版。本次修订，主要从以下几个方面考虑。

1. 精心选取最新《中华人民共和国道路交通安全法》（本书中简称《道路交通安全法》）及《中华人民共和国道路交通安全法实施条例》（本书中简称《道路交通安全法实施条例》）中的常用与实用内容，依据最新《机动车驾驶证申领和使用规定》《机动车登记规定》和《道路交通安全违法行为记分管理办法》编写而成，采用最新的道路交通标志和标线，补充了最新道路交通安全违法行为记分分值。

2. 继续保持原书的编写风格，语言文字更加精练、图片更加精美丰富。

3. 在原书的基础上增配了精美的MP4三维动画演示视频，动画视频与纸质书相结合学习，更加易于理解和掌握。

4. 力求既适合已经取得驾驶证的人员学习、完善驾驶技术，也适合正在驾校学车考证的人员阅读，还可作为相关院校和驾校等驾驶培训机构组织日常教学及培训的参考教材（提供电子课件PPT）。

由于水平所限，书中难免有疏漏和不足之处，敬请广大读者批评指正。

编者

目 录

第4章 Chapter 4　交通信号

第5章 Chapter 5　道路通行规定

第6章 交通事故处理
Chapter 6

第7章 执法监督
Chapter 7

第8章 法律责任
Chapter 8

附 录

扫描下方二维码
观看本书动画演示视频资源
（共 73 个）

一次记 1 分的道路交通安全违法行为  37 个动画视频	一次记 3 分的道路交通安全违法行为  10 个动画视频
一次记 6 分的道路交通安全违法行为  9 个动画视频	一次记 9 分的道路交通安全违法行为  3 个动画视频
一次记 12 分的道路交通安全违法行为  3 个动画视频	道路通行优先权及灯光使用规定  11 个动画视频

第1章

基本法律概念

1.1　道路

　　道路，是指公路、城市道路和虽在单位管辖范围但允许社会机动车通行的地方，包括广场、公共停车场等用于公众通行的场所。

　　并非所有的一般意义上的道路都可以成为《道路交通安全法》规定的"道路"，"道路"应具有公众通行的特征。《道路交通安全法》所维护的是具有社会性的公众通行场所内的交通秩序和交通安全。因此，在法定"道路"范围以外的道路或其他场所的交通行为和交通事故处理等不受其规定的交通规则和原则的规范。

　　《道路交通安全法》中定义的道路包括以下几种。

　　❶ 公路：根据《中华人民共和国公路法》的规定，公路按照其在公路网中的地位，分为国道、省道、县道和乡道，包括陆面道路和公路桥梁、公路隧道和公路渡口。

　　❷ 城市道路：根据《城市道路管理条例》的规定，城市道路是指城市中供车辆、行人通行，具备一定技术条件的道路、桥梁及其附属设施。

　　❸ 属于单位管辖范围但允许社会机动车通行的道路，如厂矿道路、机场道路、港区道路等，凡是社会机动车可以自由通行的，均按照道路进行管理。

　　❹ 广场：指城市规划在道路用地范围内，专供公众集会、游乐、步行和交通集散的场地。

　　❺ 公共停车场：指在规划的道路用地范围内专门划设出供车辆停放的车辆集散

地，是道路系统中的一个重要组成部分。

除《道路交通安全法》定义的"道路"以外的其他道路，如矿区、厂区、林区、农场等单位自建的不通行社会车辆的专用道路、乡间小道、田野机耕道、城市楼群或排房之间的甬道，以及机关、学校、住宅小区内的甬道等，均不属于《道路交通安全法》规定的道路范畴。

1.2　车辆

车辆，是指机动车和非机动车。

机动车，是指以动力装置驱动或者牵引，上道路行驶的供人员乘用或者用于运送物品以及进行工程专项作业的轮式车辆。

非机动车，是指以人力或者畜力驱动，上道路行驶的交通工具，以及虽有动力装置驱动，但设计最高时速、空车质量、外形尺寸符合有关国家标准的残疾人机动轮椅车、电动自行车等交通工具。

1.3　交通事故

交通事故，是指车辆在道路上因过错或者意外造成的人身伤亡或者财产损失的事件。

第2章

机动车

2.1 机动车登记制度

国家对机动车实行登记制度。机动车经公安机关交通管理部门登记后，方可上道路行驶。尚未登记的机动车，需要临时上道路行驶的，应当取得临时通行牌证。

2.1.1 注册登记

初次申领机动车号牌、行驶证的，应当向机动车所有人住所地的公安机关交通管理部门申请注册登记。申请机动车注册登记，应当交验机动车，并提交以下证明、凭证：

❶ 机动车所有人的身份证明；

❷ 购车发票等机动车来历证明；

❸ 机动车整车出厂合格证明或者进口机动车进口凭证；

❹ 车辆购置税、车船税完税证明或者免税凭证，但法律规定不属于征收范围的除外；

❺ 机动车交通事故责任强制保险凭证；

❻ 法律、行政法规规定应当在机动车注册登记时提交的其他证明、凭证。

不属于经海关进口的机动车和国务院机动车产品主管部门规定免于安全技术检验的机动车，还应当提交机动车安全技术检验合格证明。

公安机关交通管理部门应当自受理申请之日起五个工作日内完成机动车登记审查工作，对符合规定条件的，应当发放机动车登记证书、号牌和行驶证；对不符合规定条件的，应当向申请人说明不予登记的理由。

公安机关交通管理部门以外的任何单位或者个人不得发放机动车号牌或者要求机动车悬挂其他号牌，本法另有规定的除外。

机动车登记证书、号牌、行驶证的式样由国务院公安部门规定并监制。

2.1.2 变更登记

★ 已注册登记的机动车有下列情形之一的，机动车所有人应当向登记地车辆管理所申请变更登记：

❶ 改变车身颜色的；

❷ 更换发动机的；

❸ 更换车身或者车架的；

❹ 因质量问题更换整车的；

❺ 机动车登记的使用性质改变的；

❻ 机动车所有人的住所迁出、迁入车辆管理所管辖区域的。

属于第❶项至第❸项规定的变更事项的，机动车所有人应当在变更后十日内向车辆管理所申请变更登记。

申请变更登记的，机动车所有人应当交验机动车，确认申请信息，并提交以下证明、凭证：

❶ 机动车所有人的身份证明；

❷ 机动车登记证书；

❸ 机动车行驶证；

❹ 属于更换发动机、车身或者车架的，还应当提交机动车安全技术检验合格证明；

❺ 属于因质量问题更换整车的，还应当按照新车的注册要求提交相关证明、凭证。

车辆管理所应当自受理之日起一日内，查验机动车，审查提交的证明、凭证，在机动车登记证书上签注变更事项，收回行驶证，重新核发行驶证。属于更换车身或者车架的、因质量问题更换整车的，以及机动车所有人的住所迁出、迁入车辆管理所管辖区域的，还应当采集、核对车辆识别代号拓印膜或者电子资料。属于机动车使用性质变更为公路客运、旅游客运，实现与有关部门联网核查道路运输许可信息、车辆使用性质信息的，还应当核对相关电子信息。属于需要重新核发机动车号牌的，收回号牌、行驶证，核发号牌、行驶证和检验合格标志。

小型、微型载客汽车因改变车身颜色申请变更登记，车辆不在登记地的，可以向车辆所在地车辆管理所提出申请。车辆所在地车辆管理所应当按规定查验机动车，审查提交的证明、凭证，并将机动车查验电子资料转递至登记地车辆管理所，登记地车辆管理所按规定复核并核发行驶证。

机动车所有人的住所迁出车辆管理所管辖区域的，转出地车辆管理所应当自受理之日起三日内，查验机动车，在机动车登记证书上签注变更事项，制作上传机动车电子档案资料。机动车所有人应当在三十日内到住所地车辆管理所申请机动车转入。属于小型、微型载客汽车或者摩托车机动车所有人的住所迁出车辆管理所管辖区域的，应当向转入地车辆管理所申请变更登记。

申请机动车转入的，机动车所有人应当确认申请信息，提交身份证明、机动车登记证书，并交验机动车。机动车在转入时已超过检验有效期的，应当按规定进行安全技术检验并提交机动车安全技术检验合格证明和交通事故责任强制保险凭证。车辆管理所应当自受理之日起三日内，查验机动车，采集、核对车辆识别代号拓印膜或者电子资料，审查相关证明、凭证和机动车电子档案资料，在机动车登记证书上签注转入信息，收回号牌、行驶证，确定新的机动车号牌号码，核发号牌、行驶证和检验合格标志。

机动车所有人申请转出、转入前，应当将涉及该车的道路交通安全违法行为和交通事故处理完毕。

机动车所有人为两人以上，需要将登记的所有人姓名变更为其他共同所有人姓名的，可以向登记地车辆管理所申请变更登记。申请时，机动车所有人应当共同提出申请，确认申请信息，提交机动车登记证书、行驶证、变更前和变更后机动车所有人的身份证明和共同所有的公证证明，但属于夫妻双方共同所有的，可以提供结婚证或者证明夫妻关系的居民户口簿。

车辆管理所应当自受理之日起一日内，审查提交的证明、凭证，在机动车登记证书上签注变更事项，收回号牌、行驶证，确定新的机动车号牌号码，重新核发号牌、行驶证和检验合格标志。变更后机动车所有人的住所不在车辆管理所管辖区域内的，迁出地和迁入地车辆管理所应当按照转出、转入规定办理变更登记。

同一机动车所有人名下机动车的号牌号码需要互换，符合以下情形的，可以向登记地车辆管理所申请变更登记：

❶ 两辆机动车在同一辖区车辆管理所登记；

❷ 两辆机动车属于同一号牌种类；

❸ 两辆机动车使用性质为非营运。

机动车所有人应当确认申请信息，提交机动车所有人身份证明、两辆机动车的登记证书、行驶证、号牌。申请前，应当将两辆机动车的道路交通安全违法行为和交通事故处理完毕。

车辆管理所应当自受理之日起一日内，审查提交的证明、凭证，在机动车登记证书上签注变更事项，收回两辆车的号牌、行驶证，重新核发号牌、行驶证和检验合格标志。

同一机动车一年内可以互换变更一次机动车号牌号码。

2.1.3　转让登记

★ 已注册登记的机动车所有权发生转让的，现机动车所有人应当自机动车交付之日起三十日内向登记地车辆管理所申请转让登记。

机动车所有人申请转让登记前，应当将涉及该车的道路交通安全违法行为和交通事故处理完毕。

申请转让登记的，现机动车所有人应当交验机动车，确认申请信息，并提交以下证明、凭证：

❶ 现机动车所有人的身份证明；

❷ 机动车所有权转让的证明、凭证；

❸ 机动车登记证书；

❹ 机动车行驶证；

❺ 属于海关监管的机动车，还应当提交海关监管车辆解除监管证明书或者海关批准的转让证明；

❻ 属于超过检验有效期的机动车，还应当提交机动车安全技术检验合格证明和交通事故责任强制保险凭证。

车辆管理所应当自受理申请之日起一日内，查验机动车，核对车辆识别代号拓印膜或者电子资料，审查提交的证明、凭证，收回号牌、行驶证，确定新的机动车号牌号码，在机动车登记证书上签注转让事项，重新核发号牌、行驶证和检验合格标志。

在机动车抵押登记期间申请转让登记的，应当由原机动车所有人、现机动车所有人和抵押权人共同申请，车辆管理所一并办理新的抵押登记。

在机动车质押备案期间申请转让登记的，应当由原机动车所有人、现机动车所有人和质权人共同申请，车辆管理所一并办理新的质押备案。

车辆管理所办理转让登记时，现机动车所有人住所不在车辆管理所管辖区域内的，转出地车辆管理所应当自受理之日起三日内，查验机动车，核对车辆识别代号拓印膜或者电子资料，审查提交的证明、凭证，收回号牌、行驶证，在机动车登记证书上签注转让和变更事项，核发有效期为三十日的临时行驶车号牌，制作上传机动车电子档案资料。机动车所有人应当在临时行驶车号牌的有效期限内到转入地车辆管理所申请机动车转入。

申请机动车转入时，机动车所有人应当确认申请信息，提交身份证明、机动车登记证书，并交验机动车。机动车在转入时已超过检验有效期的，应当按规定进行安全技术检验并提交机动车安全技术检验合格证明和交通事故责任强制保险凭证。转入地车辆管理所应当自受理之日起三日内，查验机动车，采集、核对车辆识别代号拓印膜或者电子资料，审查相关证明、凭证和机动车电子档案资料，在机动车登记证书上签注转入信息，核发号牌、行驶证和检验合格标志。

小型、微型载客汽车或者摩托车在转入地交易的，现机动车所有人应当向转入地车辆管理所申请转让登记。

二手车出口企业收购机动车的，车辆管理所应当自受理之日起三日内，查验机动车，核对车辆识别代号拓印膜或者电子资料，审查提交的证明、凭证，在机动车登记证书上签注转让待出口事项，收回号牌、行驶证，核发有效期不超过六十日的临时行驶车号牌。

2.1.4 抵押登记

机动车作为抵押物抵押的，机动车所有人和抵押权人应当向登记地车辆管理所申请抵押登记；抵押权灭失的，应当向登记地车辆管理所申请解除抵押登记。

申请抵押登记的，由机动车所有人和抵押权人共同申请，确认申请信息，并提交下列证明、凭证：

❶ 机动车所有人和抵押权人的身份证明；

❷ 机动车登记证书；

❸ 机动车抵押合同。

车辆管理所应当自受理之日起一日内，审查提交的证明、凭证，在机动车登记证书上签注抵押登记的内容和日期。

在机动车抵押登记期间，申请因质量问题更换整车变更登记、机动车迁出迁入、共同所有人变更或者补领、换领机动车登记证书的，应当由机动车所有人和抵押权人共同申请。

申请解除抵押登记的，由机动车所有人和抵押权人共同申请，确认申请信息，并提交下列证明、凭证：

❶ 机动车所有人和抵押权人的身份证明；

❷ 机动车登记证书。

人民法院调解、裁定、判决解除抵押的，机动车所有人或者抵押权人应当确认申请信息，提交机动车登记证书、人民法院出具的已经生效的调解书、裁定书或者判决书，以及相应的协助执行通知书。

车辆管理所应当自受理之日起一日内，审查提交的证明、凭证，在机动车登记证书上签注解除抵押登记的内容和日期。

机动车作为质押物质押的，机动车所有人可以向登记地车辆管理所申请质押备案；质押权灭失的，应当向登记地车辆管理所申请解除质押备案。

申请办理机动车质押备案或者解除质押备案的，由机动车所有人和质权人共同申请，确认申请信息，并提交以下证明、凭证：

❶ 机动车所有人和质权人的身份证明；

❷ 机动车登记证书。

车辆管理所应当自受理之日起一日内，审查提交的证明、凭证，在机动车登记证书上签注质押备案或者解除质押备案的内容和日期。

机动车抵押、解除抵押信息实现与有关部门或者金融机构等联网核查的，申请人免于提交相关证明、凭证。

机动车抵押登记日期、解除抵押登记日期可以供公众查询。

属于：机动车所有人提交的证明、凭证无效的；机动车达到国家规定的强制报废标准的；机动车被监察机关、人民法院、人民检察院、行政执法部门依法查封、扣押的；被盗抢骗的机动车；海关监管的机动车，海关未解除监管或者批准转让的，不予办理抵押登记、质押备案。对机动车所有人、抵押权人、质押权人提交的证明、凭证无效，或者机动车被监察机关、人民法院、人民检察院、行政执法部门依法查封、扣押的，不予办理解除抵押登记、质押备案。

2.1.5 注销登记

★ 机动车有下列情形之一的，机动车所有人应当向登记地车辆管理所申请注销登记：

❶ 机动车已达到国家强制报废标准的；

❷ 机动车未达到国家强制报废标准，机动车所有人自愿报废的；

❸ 因自然灾害、失火、交通事故等造成机动车灭失的；

❹ 机动车因故不在我国境内使用的；

❺ 因质量问题退车的。

属于机动车因故不在我国境内使用的、因质量问题退车的，机动车所有人申请注销登记前，应当将涉及该车的道路交通安全违法行为和交通事故处理完毕。

属于二手车出口符合机动车因故不在我国境内使用情形的，二手车出口企业应当在机动车办理海关出口通关手续后两个月内申请注销登记。

★ 属于：机动车已达到国家强制报废标准的；机动车未达到国家强制报废标准，机动车所有人自愿报废的；机动车所有人申请注销登记情形的，应当向报废机动车回收企业交售机动车，确认申请信息，提交机动车登记证书、号牌和行驶证。

报废机动车回收企业应当确认机动车，向机动车所有人出具报废机动车回收证明，七日内将申请表、机动车登记证书、号牌、行驶证和报废机动车回收证明副本提交车辆管理所。属于报废校车、大型客车、重型货车及其他营运车辆的，申请注销登记时，还应当提交车辆识别代号拓印膜、车辆解体的照片或者电子资料。

车辆管理所应当自受理之日起一日内，审查提交的证明、凭证，收回机动车登记证书、号牌、行驶证，出具注销证明。

对车辆不在登记地的，机动车所有人可以向车辆所在地机动车回收企业交售报废机动车。报废机动车回收企业应当确认机动车，向机动车所有人出具报废机动车回收证明，七日内将申请表、机动车登记证书、号牌、行驶证、报废机动车回收证明副本以及车辆识别代号拓印膜或者电子资料提交报废地车辆管理所。属于报废校车、大型客车、重型货车及其他营运车辆的，还应当提交车辆解体的照片或者电子资料。

报废地车辆管理所应当自受理之日起一日内，审查提交的证明、凭证，收回机动车登记证书、号牌、行驶证，并通过计算机登记管理系统将机动车报废信息传递给登记地车辆管理所。登记地车辆管理所应当自接到机动车报废信息之日起一日内办理注销登记，并出具注销证明。

机动车报废信息实现与有关部门联网核查的，报废机动车回收企业免于提交相关证明、凭证，车辆管理所应当核对相关电子信息。

★ 属于：因自然灾害、失火、交通事故等造成机动车灭失的；机动车因故不在我国境内使用的；因质量问题退车的；机动车所有人申请注销登记的，应当确认申请信息，并提交以下证明、凭证：

❶ 机动车所有人身份证明；

❷ 机动车登记证书；

❸ 机动车行驶证；

❹ 属于海关监管的机动车，因故不在我国境内使用的，还应当提交海关出具的海关监管车辆进（出）境领（销）牌照通知书；

❺ 属于因质量问题退车的，还应当提交机动车制造厂或者经销商出具的退车证明。

申请人因机动车灭失办理注销登记的，应当书面承诺因自然灾害、失火、交通事故等导致机动车灭失，并承担不实承诺的法律责任。

二手车出口企业因二手车出口办理注销登记的，应当提交机动车所有人身份证明、机动车登记证书和机动车出口证明。

车辆管理所应当自受理之日起一日内，审查提交的证明、凭证，属于机动车因故不在我国境内使用的还应当核查机动车出境记录，收回机动车登记证书、号牌、行驶证，出具注销证明。

★ 已注册登记的机动车有下列情形之一的，登记地车辆管理所应当办理机动车注销：

❶ 机动车登记被依法撤销的；

❷ 达到国家强制报废标准的机动车被依法收缴并强制报废的。

★ 已注册登记的机动车有下列情形之一的，车辆管理所应当公告机动车登记证书、号牌、行驶证作废：

❶ 达到国家强制报废标准，机动车所有人逾期不办理注销登记的；

❷ 机动车登记被依法撤销后，未收缴机动车登记证书、号牌、行驶证的；

❸ 达到国家强制报废标准的机动车被依法收缴并强制报废的；

❹ 机动车所有人办理注销登记时未交回机动车登记证书、号牌、行驶证的。

★ 属于：机动车所有人提交的证明、凭证无效的；机动车被监察机关、人民法院、人民检察院、行政执法部门依法查封、扣押的；被盗抢骗的机动车或者机动车与该车档案记载内容不一致的，不予办理注销登记。机动车在抵押登记、质押备案期间的，不予办理注销登记。

2.2 机动车安全技术检验

机动车应当从注册登记之日起，按照下列期限进行安全技术检验。

❶ 营运载客汽车5年以内每年检验1次；超过5年的，每6个月检验1次。

❷ 载货汽车和大型、中型非营运载客汽车10年以内每年检验1次；超过10年的，每6个月检验1次。

❸ 小型、微型非营运载客汽车6年以内每2年检验1次；超过6年的，每年检验1次；超过15年的，每6个月检验1次。

❹ 摩托车4年以内每2年检验1次；超过10年的，每年检验1次。

❺ 拖拉机和其他机动车每年检验1次。

营运机动车在规定检验期限内经安全技术检验合格的，不再重复进行安全技术检验。

★ 已注册登记的机动车进行安全技术检验时，机动车行驶证记载的登记内容与该机动车的有关情况不符，或者未按照规定提供机动车第三者责任强制保险凭证的，不予通过检验。

★ 警车、消防车、救护车、工程救险车标志图案的喷涂以及警报器、标志灯具的安装、使用规定，由国务院公安部门制定。

★ 非营运小微型载客汽车（9座含9座以下，不含面包车）、摩托车检验周期新措施（以下简称"新措施"，2022年10月1日起正式实施）：

❶ 对非营运小微型载客汽车、摩托车自注册登记之日起，将原10年内上线检验3次（第6年、第8年、第10年），调整为检验2次（第6年、第10年），并将原15年以后每半年检验1次调整为每年检验1次。

❷ 对摩托车，将原10年内上线检验5次（第6年至第10年每年检验1次），调整为10年内检验2次（第6年、第10年），10年以后每年检验1次。

❸ 新措施自注册之日起第6年、第10年进行安全技术检验，在10年内每2年向公安交管部门申领检验标志；超过10年的，每年检验1次，并向公安交管部门申领检验标志。

❹ 有两种情形不适用新措施：一是面包车实际使用中非法改装、客货混装等问题较多，由此引发的群死群伤事故时有发生，仍需按原规定周期检验；二是免检车辆如果发生造成人员伤亡的交通事故或者非法改装被依法处罚的，对车辆安全性能影响较大，仍需按原规定周期检验。

❺ 车主在车辆免于上线检验期间，应注意经常检查车况，定期到专业机构对车辆制动、轮胎、灯光等安全项目进行检查保养，通过全面检查，及时发现安全隐患，及时维修，保障车辆安全性能。擅自改装机动车属于违法行为，一旦发生事故还要承担相应的法律责任。

★ 公安部已在全国推广应用电子检验标志，车主登录"交管12123"手机APP，可以申领电子检验标志（不需要再申领、粘贴纸质检验标志），还可以查询本人名下机动车的检验有效期。

车辆逾期未检验，应当及时到检验机构进行检验。依据《道路交通安全法》，逾期不检验的车辆不得上道路行驶；违法上路行驶的，公安交管部门将依法进行处理。

2.3 关于特种车辆的规定

警车、消防车、救护车、工程救险车应当按照规定喷涂标志图案，安装警报器、标志灯具。其他机动车不得喷涂、安装、使用上述车辆专用的或者与其相类似的标志图案、警报器或者标志灯具。警车、消防车、救护车、工程救险车应当严格按照规定的用途和条件使用。公路监督检查的专用车辆，应当依照公路法的规定，设置统一的标志和示警灯。

警车、消防车、救护车、工程救险车标志图案的喷涂以及警报器、标志灯具的安装、使用规定，由国务院公安部门制定。

警车、消防车、救护车、工程救险车执行紧急任务时，可以使用警报器、标志灯具；在确保安全的前提下，不受行驶路线、行驶方向、行驶速度和信号灯的限制，其他车辆和行人应当让行。

警车、消防车、救护车、工程救险车非执行紧急任务时，不得使用警报器、标志灯具，不享有《道路交通安全法》规定的道路优先通行权。

警车、消防车、救护车、工程救险车在执行紧急任务遇交通受阻时，可以断续使用警报器，并遵守下列规定：

❶ 不得在禁止使用警报器的区域或者路段使用警报器；

❷ 夜间在市区不得使用警报器；

❸ 列队行驶时，前车已经使用警报器的，后车不再使用警报器。

2.4 关于强制保险

强制保险是以法律、行政法规为依据而建立保险关系的一种保险。机动车第三者责任强制保险是基于《道路交通安全法》《道路交通安全法实施条例》《机动车交通事故责任强制保险条例》等政策规定而开办的，是指由保险公司对被保险机动车发生道路交通事故造成受害人的人身伤亡、财产损失进行赔偿的责任保险。在中华人民共和国境内道路上行驶的机动车的所有人、管理人，应当依照《道路交通安全法》和《机动车交通事故责任强制保险条例》的规定投保机动车第三者责任强制保险。

机动车辆强制第三者责任保险，是指机动车辆所有人在领用车辆牌照之前和使用车辆过程中，必须投保的一定限额的法定第三者责任保险。

2.5　关于机动车号牌等的规定

驾驶机动车上道路行驶，应当悬挂机动车号牌，放置检验合格标志、保险标志，并随车携带机动车行驶证。机动车号牌应当按照规定悬挂并保持清晰、完整，不得故意遮挡、污损。

任何单位和个人不得收缴、扣留机动车号牌。

机动车号牌应当悬挂在车前、车后指定位置，保持清晰、完整。重型、中型载货汽车及其挂车、拖拉机及其挂车的车身或者车厢后部应当喷涂放大的牌号，字样应当端正并保持清晰。

机动车喷涂、粘贴标识或者车身广告的，不得影响安全驾驶。

第3章

机动车驾驶人

机动车驾驶人准驾车型及代号

准驾车型	代号	准驾的车辆	准予驾驶的其他准驾车型
大型客车	A1	大型载客汽车	A3、B1、B2、C1、C2、C3、C4、M
重型牵引挂车	A2	总质量大于 4500 千克的汽车列车	B1、B2、C1、C2、C3、C4、C6、M
城市公交车	A3	核载 10 人以上的城市公共汽车	C1、C2、C3、C4
中型客车	B1	中型载客汽车（含核载 10 人以上、19 人以下的城市公共汽车）	C1、C2、C3、C4、M
大型货车	B2	重型、中型载货汽车；重型、中型专项作业车	
小型汽车	C1	小型、微型载客汽车以及轻型、微型载货汽车；轻型、微型专项作业车	C2、C3、C4
小型自动挡汽车	C2	小型、微型自动挡载客汽车以及轻型、微型自动挡载货汽车；轻型、微型自动挡专项作业车；上肢残疾人专用小型自动挡载客汽车	
低速载货汽车	C3	低速载货汽车	C4
三轮汽车	C4	三轮汽车	
残疾人专用小型自动挡载客汽车	C5	残疾人专用小型、微型自动挡载客汽车（允许上肢、右下肢或者双下肢残疾人驾驶）	

准驾车型	代号	准驾的车辆	准予驾驶的其他准驾车型
轻型牵引挂车	C6	总质量小于（不包含等于）4500 千克的汽车列车	
普通三轮摩托车	D	发动机排量大于 50 毫升或者最大设计车速大于 50 千米／时的三轮摩托车	E、F
普通二轮摩托车	E	发动机排量大于 50 毫升或者最大设计车速大于 50 千米／时的二轮摩托车	F
轻便摩托车	F	发动机排量小于等于 50 毫升，最大设计车速小于等于 50 千米／时的摩托车	
轮式专用机械车	M	轮式专用机械车	
无轨电车	N	无轨电车	
有轨电车	P	有轨电车	

机动车驾驶证有效期分为六年、十年和长期。机动车驾驶人在机动车驾驶证的六年有效期内，每个记分周期均未达到 12 分的，换发十年有效期的机动车驾驶证；在机动车驾驶证的十年有效期内，每个记分周期均未达到 12 分的，换发长期有效的机动车驾驶证。

换发机动车驾驶证时，公安机关交通管理部门应当对机动车驾驶证进行审验。

3.1 驾驶资格的取得

申请机动车驾驶证的人，应当符合下列规定。

3.1.1 年龄条件

❶ 申请小型汽车、小型自动挡汽车、残疾人专用小型自动挡载客汽车、轻便摩托车准驾车型的，在 18 周岁以上。

❷ 申请低速载货汽车、三轮汽车、普通三轮摩托车、普通二轮摩托车或者轮式专用机械车准驾车型的，在 18 周岁以上，60 周岁以下。

❸ 申请城市公交车、中型客车、大型货车、轻型牵引挂车、无轨电车或者有轨电车准驾车型的，在 20 周岁以上，60 周岁以下。

④ 申请大型客车、重型牵引挂车准驾车型的，在22周岁以上，60周岁以下。

⑤ 接受全日制驾驶职业教育的学生，申请大型客车、重型牵引挂车准驾车型的，在19周岁以上，60周岁以下。

3.1.2　身体条件

① 身高：申请大型客车、重型牵引挂车、城市公交车、大型货车、无轨电车准驾车型的，身高在155厘米以上。申请中型客车准驾车型的，身高在150厘米以上。

② 视力：申请大型客车、重型牵引挂车、城市公交车、中型客车、大型货车、无轨电车或者有轨电车准驾车型的，两眼裸视力或者矫正视力达到对数视力表5.0以上。申请其他准驾车型的，两眼裸视力或者矫正视力达到对数视力表4.9以上。单眼视力障碍，优眼裸视力或者矫正视力达到对数视力表5.0以上，且水平视野达到150度的，可以申请小型汽车、小型自动挡汽车、低速载货汽车、三轮汽车、残疾人专用小型自动挡载客汽车准驾车型的机动车驾驶证。

③ 辨色力：无红绿色盲。

④ 听力：两耳分别距音叉50厘米能辨别声源方向。有听力障碍但佩戴助听设备能够达到以上条件的，可以申请小型汽车、小型自动挡汽车准驾车型的机动车驾驶证。

⑤ 上肢：双手拇指健全，每只手其他手指必须有三指健全，肢体和手指运动功能正常。但手指末节残缺或者左手有三指健全，且双手手掌完整的，可以申请小型汽车、小型自动挡汽车、低速载货汽车、三轮汽车准驾车型的机动车驾驶证。

⑥ 下肢：双下肢健全且运动功能正常，不等长度不得大于5厘米。单独左下肢缺失或者丧失运动功能，但右下肢正常的，可以申请小型自动挡汽车准驾车型的机动车驾驶证。

⑦ 躯干、颈部：无运动功能障碍。

⑧ 右下肢、双下肢缺失或者丧失运动功能但能够自主坐立，且上肢符合第⑤项规定的，可以申请残疾人专用小型自动挡载客汽车准驾车型的机动车驾驶证。一只手掌缺失，另一只手拇指健全，其他手指有两指健全，上肢和手指运动功能正常，且下肢符合第⑥项规定的，可以申请残疾人专用小型自动挡载客汽车准驾车型的机动车驾驶证。

⑨ 年龄在70周岁以上，能够通过记忆力、判断力、反应力等能力测试的，可以申请小型汽车、小型自动挡汽车、残疾人专用小型自动挡载客汽车、轻便摩托车准驾车型的机动车驾驶证。

3.1.3　不得申请机动车驾驶证的几种情况

① 有器质性心脏病、癫痫病、美尼尔氏症、眩晕症、癔病、震颤麻痹、精神病、痴呆以及影响肢体活动的神经系统疾病等妨碍安全驾驶疾病的。

❷ 三年内有吸食、注射毒品行为或者解除强制隔离戒毒措施未满三年，以及长期服用依赖性精神药品成瘾尚未戒除的。

❸ 造成交通事故后逃逸构成犯罪的。

❹ 饮酒后或者醉酒驾驶机动车发生重大交通事故构成犯罪的。

❺ 醉酒驾驶机动车或者饮酒后驾驶营运机动车依法被吊销机动车驾驶证未满五年的。

❻ 醉酒驾驶营运机动车依法被吊销机动车驾驶证未满十年的。

❼ 驾驶机动车追逐竞驶、超员、超速、违反危险化学品安全管理规定运输危险化学品，构成犯罪，依法被吊销机动车驾驶证未满五年的。

❽ 因第❹项以外的其他违反交通管理法律法规的行为发生重大交通事故，构成犯罪，依法被吊销机动车驾驶证未满十年的。

❾ 因其他情形依法被吊销机动车驾驶证未满二年的。

❿ 驾驶许可依法被撤销未满三年的。

⓫ 未取得机动车驾驶证驾驶机动车，发生负同等以上责任交通事故造成人员重伤或者死亡未满十年的。

⓬ 三年内有代替他人参加机动车驾驶人考试行为的。

⓭ 法律、行政法规规定的其他情形。

未取得机动车驾驶证驾驶机动车，有第❺项至第❽项行为之一的，在规定期限内不得申请机动车驾驶证。

初次申领机动车驾驶证的，可以申请准驾车型为城市公交车、大型货车、小型汽车、小型自动挡汽车、低速载货汽车、三轮汽车、残疾人专用小型自动挡载客汽车、普通三轮摩托车、普通二轮摩托车、轻便摩托车、轮式专用机械车、无轨电车、有轨电车的机动车驾驶证。

已持有机动车驾驶证，申请增加准驾车型的，可以申请增加的准驾车型为大型客车、重型牵引挂车、城市公交车、中型客车、大型货车、小型汽车、小型自动挡汽车、低速载货汽车、三轮汽车、轻型牵引挂车、普通三轮摩托车、普通二轮摩托车、轻便摩托车、轮式专用机械车、无轨电车、有轨电车。

3.1.4 关于增驾

已持有机动车驾驶证，申请增加准驾车型的，应当在本记分周期和申请前最近一个记分周期内没有记满12分记录。申请增加轻型牵引挂车、中型客车、重型牵引挂车、大型客车准驾车型的，还应当符合下列规定：

❶ 申请增加轻型牵引挂车准驾车型的，已取得驾驶小型汽车、小型自动挡汽车准驾车型资格一年以上；

❷ 申请增加中型客车准驾车型的，已取得驾驶城市公交车、大型货车、小型汽车、小型自动挡汽车、低速载货汽车或者三轮汽车准驾车型资格二年以上，并在申请前最近连续二个记分周期内没有记满12分记录；

❸ 申请增加重型牵引挂车准驾车型的，已取得驾驶中型客车或者大型货车准驾车型资格二年以上，或者取得驾驶大型客车准驾车型资格一年以上，并在申请前最近连续二个记分周期内没有记满12分记录；

❹ 申请增加大型客车准驾车型的，已取得驾驶城市公交车、中型客车准驾车型资格二年以上、已取得驾驶大型货车准驾车型资格三年以上，或者取得驾驶重型牵引挂车准驾车型资格一年以上，并在申请前最近连续三个记分周期内没有记满12分记录。

正在接受全日制驾驶职业教育的学生，已在校取得驾驶小型汽车准驾车型资格，并在本记分周期和申请前最近一个记分周期内没有记满12分记录的，可以申请增加大型客车、重型牵引挂车准驾车型。

有下列情形之一的，不得申请大型客车、重型牵引挂车、城市公交车、中型客车、大型货车准驾车型：

❶ 发生交通事故造成人员死亡，承担同等以上责任的；

❷ 醉酒后驾驶机动车的；

❸ 再次饮酒后驾驶机动车的；

❹ 有吸食、注射毒品后驾驶机动车行为的，或者有执行社区戒毒、强制隔离戒毒、社区康复措施记录的；

❺ 驾驶机动车追逐竞驶、超员、超速、违反危险化学品安全管理规定运输危险化学品构成犯罪的；

❻ 被吊销或者撤销机动车驾驶证未满十年的；

❼ 未取得机动车驾驶证驾驶机动车，发生负同等以上责任交通事故造成人员重伤或者死亡的。

3.1.5 其他类型驾驶证办证注意事项

持有军队、武装警察部队机动车驾驶证，符合《机动车驾驶证申领和使用规定》（公安部令第162号）（本章中以下简称"本规定"）的申请条件，可以申请对应准驾车型的机动车驾驶证。

持有境外机动车驾驶证，符合本规定的申请条件，且取得该驾驶证时在核发国家或者地区一年内累计居留九十日以上的，可以申请对应准驾车型的机动车驾驶证。属于申请准驾车型为大型客车、重型牵引挂车、中型客车机动车驾驶证的，还应当取得境外相应准驾车型机动车驾驶证二年以上。

持有境外机动车驾驶证，需要临时驾驶机动车的，应当按规定向车辆管理所申领临时机动车驾驶许可。

对入境短期停留的，可以申领有效期为三个月的临时机动车驾驶许可；停、居留时间超过三个月的，有效期可以延长至一年。

临时入境机动车驾驶人的临时机动车驾驶许可在一个记分周期内累积记分达到12分，未按规定参加道路交通安全法律、法规和相关知识学习、考试的，不得申请机动车驾驶证或者再次申请临时机动车驾驶许可。

3.1.6 机动车驾驶证的申请

★ 申领机动车驾驶证的人，按照下列规定向车辆管理所提出申请：

❶ 在户籍所在地居住的，应当在户籍所在地提出申请；

❷ 在户籍所在地以外居住的，可以在居住地提出申请；

❸ 现役军人（含武警），应当在部队驻地提出申请；

❹ 境外人员，应当在居留地或者居住地提出申请；

❺ 申请增加准驾车型的，应当在所持机动车驾驶证核发地提出申请；

❻ 接受全日制驾驶职业教育，申请增加大型客车、重型牵引挂车准驾车型的，应当在接受教育地提出申请。

★ 申请机动车驾驶证，应当确认申请信息，并提交以下证明：

❶ 申请人的身份证明；

❷ 医疗机构出具的有关身体条件的证明。

★ 持军队、武装警察部队机动车驾驶证的人申请机动车驾驶证，应当确认申请信息，并提交以下证明、凭证：

❶ 申请人的身份证明，属于复员、转业、退伍的人员，还应当提交军队、武装警察部队核发的复员、转业、退伍证明；

❷ 医疗机构出具的有关身体条件的证明；

❸ 军队、武装警察部队机动车驾驶证。

★ 持境外机动车驾驶证的人申请机动车驾驶证，应当确认申请信息，并提交以下证明、凭证：

❶ 申请人的身份证明；

❷ 医疗机构出具的有关身体条件的证明；

❸ 所持机动车驾驶证，属于非中文表述的，还应当提供翻译机构出具或者公证机构公证的中文翻译文本。

属于外国驻华使馆、领馆人员及国际组织驻华代表机构人员申请的，按照外交对等原则执行。

属于港澳台居民申请的，还应当提交申请人的往来港澳通行证或往来台湾通行证。

★ 实行小型汽车、小型自动挡汽车驾驶证自学直考的地方，申请人可以使用加装安全辅助装置的自备机动车，在具备安全驾驶经历等条件的人员随车指导下，按照公安机关交通管理部门指定的路线、时间学习驾驶技能，按照本规定申请相应准驾车型的驾驶证。

小型汽车、小型自动挡汽车驾驶证自学直考管理制度由公安部另行规定。

★ 申请机动车驾驶证的人，符合本规定要求的驾驶许可条件，有下列情形之一的，可以按照初次申领机动车驾驶证的规定，确认申请信息，提交申请人的身份证明及医疗机构出具的有关身体条件的证明，直接申请相应准驾车型的机动车驾驶证考试：

❶ 原机动车驾驶证因超过有效期未换证被注销的；

❷ 原机动车驾驶证因未提交身体条件证明被注销的；

❸ 原机动车驾驶证由本人申请注销的；

❹ 原机动车驾驶证因身体条件暂时不符合规定被注销的；

❺ 原机动车驾驶证或者准驾车型资格因其他原因被注销的，但机动车驾驶证被吊销或者被撤销的除外；

❻ 持有的军队、武装警察部队机动车驾驶证超过有效期的；

❼ 持有境外机动车驾驶证或者境外机动车驾驶证超过有效期的。

申请人提交的证明、凭证齐全、符合法定形式的，车辆管理所应当受理，并按规定审查申请人的机动车驾驶证申请条件。属于持境外机动车驾驶证的人申请机动车驾驶证情形的，还应当核查申请人的出入境记录。

属于第❶项至第❺项情形之一的，还应当核查申请人的驾驶经历；属于正在接受全日制驾驶职业教育的学生，申请增加大型客车、重型牵引挂车准驾车型的，还应当核查申请人的学籍。

公安机关交通管理部门已经实现与医疗机构等单位联网核查的，申请人免于提交身体条件证明等证明、凭证。

对于符合申请条件的，车辆管理所应当按规定安排预约考试；不需要考试的，一日内核发机动车驾驶证。申请人属于复员、转业、退伍人员持已取得的军队、武装警察部队机动车驾驶证进行申请的，应当收回军队、武装警察部队机动车驾驶证。

★ 车辆管理所对申请人的申请条件及提交的材料、申告的事项有疑义的，可以对实质内容进行调查核实。

❶ 调查时，应当询问申请人并制作询问笔录，向证明、凭证的核发机关核查。

❷ 经调查，申请人不符合申请条件的，不予办理；有违法行为的，依法予以处理。

3.1.7 机动车驾驶人考试

机动车驾驶人考试内容分为道路交通安全法律、法规和相关知识考试科目（以下简称"科目一"）、场地驾驶技能考试科目（以下简称"科目二"）、道路驾驶技能和安全文明驾驶常识考试科目（以下简称"科目三"）。

已持有小型自动挡汽车准驾车型驾驶证申请增加小型汽车准驾车型的，应当考试科目二和科目三。

已持有大型客车、城市公交车、中型客车、大型货车、小型汽车、小型自动挡汽车准驾车型驾驶证申请增加轻型牵引挂车准驾车型的，应当考试科目二和科目三安全文明驾驶常识。

已持有轻便摩托车准驾车型驾驶证申请增加普通三轮摩托车、普通二轮摩托车准驾车型的，或者持有普通二轮摩托车驾驶证申请增加普通三轮摩托车准驾车型的，应当考试科目二和科目三。

已持有大型客车、重型牵引挂车、城市公交车、中型客车、大型货车、小型汽车、小型自动挡汽车准驾车型驾驶证的机动车驾驶人身体条件发生变化，不符合所持机动车驾驶证准驾车型的条件，但符合残疾人专用小型自动挡载客汽车准驾车型条件，申请变更的，应当考试科目二和科目三。

★ 考试内容和合格标准全国统一，根据不同准驾车型规定相应的考试项目。

★ 科目一考试内容包括：道路通行、交通信号、道路交通安全违法行为和交通事故处理、机动车驾驶证申领和使用、机动车登记等规定以及其他道路交通安全法律、法规和规章。

★ 科目二考试内容包括：

❶ 大型客车、重型牵引挂车、城市公交车、中型客车、大型货车考试桩考、坡道定点停车和起步、侧方停车、通过单边桥、曲线行驶、直角转弯、通过限宽门、窄路掉头，以及模拟高速公路、连续急弯山区路、隧道、雨（雾）天、湿滑路、紧急情况处置；

❷ 小型汽车、低速载货汽车考试倒车入库、坡道定点停车和起步、侧方停车、曲线行驶、直角转弯；

❸ 小型自动挡汽车、残疾人专用小型自动挡载客汽车考试倒车入库、侧方停车、曲线行驶、直角转弯；

❹ 轻型牵引挂车考试桩考、曲线行驶、直角转弯；

❺ 三轮汽车、普通三轮摩托车、普通二轮摩托车和轻便摩托车考试桩考、坡道定点停车和起步、通过单边桥；

❻ 轮式专用机械车、无轨电车、有轨电车的考试内容由省级公安机关交通管理部门确定。

★ 科目三道路驾驶技能考试内容包括：大型客车、重型牵引挂车、城市公交车、中型客车、大型货车、小型汽车、小型自动挡汽车、低速载货汽车和残疾人专用小型自动挡载客汽车考试上车准备、起步、直线行驶、加减挡位操作、变更车道、靠边停车、直行通过路口、路口左转弯、路口右转弯、通过人行横道线、通过学校区域、通过公共汽车站、会车、超车、掉头、夜间行驶，其他准驾车型的考试内容，由省级公安机关交通管理部门确定。

大型客车、重型牵引挂车、城市公交车、中型客车、大型货车考试里程不少于10千米，其中初次申领城市公交车、大型货车准驾车型的，白天考试里程不少于5千米，夜间考试里程不少于3千米。小型汽车、小型自动挡汽车、低速载货汽车、残疾人专用小型自动挡载客汽车考试里程不少于3千米。不进行夜间考试的，应当进行模拟夜间灯光考试。

对大型客车、重型牵引挂车、城市公交车、中型客车、大型货车准驾车型，省级公安机关交通管理部门应当根据实际情况增加山区、隧道、陡坡等复杂道路驾驶考试内容。对其他汽车准驾车型，省级公安机关交通管理部门可以根据实际情况增加考试内容。

★ 科目三安全文明驾驶常识考试内容包括：安全文明驾驶操作要求、恶劣气象和复杂道路条件下的安全驾驶知识、爆胎等紧急情况下的临危处置方法、防范次生事故处置知识、伤员急救知识等。

★ 持军队、武装警察部队机动车驾驶证的人申请大型客车、重型牵引挂车、城市公交车、中型客车、大型货车准驾车型机动车驾驶证的，应当考试科目一和科目三；申请其他准驾车型机动车驾驶证的，免于考试核发机动车驾驶证。

★ 持境外机动车驾驶证的申请人，应当考试科目一。申请准驾车型为大型客车、重型牵引挂车、城市公交车、中型客车、大型货车机动车驾驶证的，应当考试科目一、科目二和科目三。

属于外国驻华使馆、领馆人员及国际组织驻华代表机构人员申请的，应当按照外交对等原则执行。

★ 各科目考试的合格标准为：

❶ 科目一考试满分为100分，成绩达到90分的为合格；

❷ 科目二考试满分为100分，考试大型客车、重型牵引挂车、城市公交车、中型客车、大型货车、轻型牵引挂车准驾车型的，成绩达到90分的为合格，其他准驾车型的成绩达到80分的为合格；

❸ 科目三道路驾驶技能和安全文明驾驶常识考试满分分别为100分，成绩分别达到90分的为合格。

★ 车辆管理所应当按照预约的考场和时间安排考试。申请人科目一考试合格后，可以预约科目二或者科目三道路驾驶技能考试。有条件的地方，申请人可以同时预约科目二、科目三道路驾驶技能考试，预约成功后可以连续进行考试。科目二、科目三道路驾驶技能考试均合格后，申请人可以当日参加科目三安全文明驾驶常识考试。

❶ 申请人申请大型客车、重型牵引挂车、城市公交车、中型客车、大型货车、轻型牵引挂车驾驶证，因当地尚未设立科目二考场的，可以选择省（自治区）内其他考场参加考试。

❷ 申请人申领小型汽车、小型自动挡汽车、低速载货汽车、三轮汽车、残疾人专用小型自动挡载客汽车、轻型牵引挂车驾驶证期间，已通过部分科目考试后，居住地发生变更的，可以申请变更考试地，在现居住地预约其他科目考试。申请变更考试地不得超过三次。

车辆管理所应当使用全国统一的考试预约系统，采用互联网、电话、服务窗口等方式供申请人预约考试。

★ 初次申请机动车驾驶证或者申请增加准驾车型的，科目一考试合格后，车辆管理所应当在一日内核发学习驾驶证明。

申请增加准驾车型以及驾驶人身体条件发生变化，不符合所持机动车驾驶证准驾车型的条件，但符合残疾人专用小型自动挡载客汽车准驾车型条件，申请变更准驾车

学车专用标识式样

（正面）

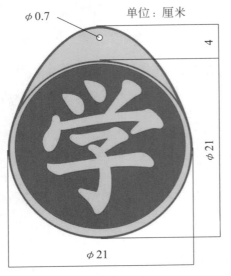

单位：厘米

φ0.7

4

φ21

φ21

注：1. 学车专用标识的主色为大红色■ M100Y100，配色为黄色■ Y100；

2. "学"字用大小为400磅的粗楷体，描边12磅；

3. 学车专用标识共2张，分别放置在车内前挡风玻璃右下角、粘贴在车辆尾部。

型的，受理后直接核发学习驾驶证明。

属于自学直考的，车辆管理所还应当按规定发放学车专用标识。

★ 申请人在场地和道路上学习驾驶，应当按规定取得学习驾驶证明。学习驾驶证明的有效期为三年，但有效期截止日期不得超过申请年龄条件上限。申请人应当在有效期内完成科目二和科目三考试。未在有效期内完成考试的，已考试合格的科目成绩作废。

学习驾驶证明可以采用纸质或者电子形式，纸质学习驾驶证明和电子学习驾驶证明具有同等效力。申请人可以通过互联网交通安全综合服务管理平台打印或者下载学习驾驶证明。

★ 申请人在道路上学习驾驶，应当随身携带学习驾驶证明，使用教练车或者学车专用标识签注的自学用车，在教练员或者学车专用标识签注的指导人员随车指导下，按照公安机关交通管理部门指定的路线、时间进行。

申请人为自学直考人员的，在道路上学习驾驶时，应当在自学用车上按规定放置、粘贴学车专用标识，自学用车不得搭载随车指导人员以外的其他人员。

★ 初次申请机动车驾驶证或者申请增加准驾车型的，申请人预约考试科目二，应当符合下列规定：

❶ 报考小型汽车、小型自动挡汽车、低速载货汽车、三轮汽车、残疾人专用小型自动挡载客汽车、轮式专用机械车、无轨电车、有轨电车准驾车型的，在取得学习驾驶证明满十日后预约考试；

❷ 报考大型客车、重型牵引挂车、城市公交车、中型客车、大型货车、轻型牵引挂车准驾车型的，在取得学习驾驶证明满二十日后预约考试。

★ 初次申请机动车驾驶证或者申请增加准驾车型的，申请人预约考试科目三，应当符合下列规定：

❶ 报考小型自动挡汽车、残疾人专用小型自动挡载客汽车、低速载货汽车、三轮汽车准驾车型的，在取得学习驾驶证明满二十日后预约考试；

❷ 报考小型汽车、轮式专用机械车、无轨电车、有轨电车准驾车型的，在取得学习驾驶证明满三十日后预约考试；

❸ 报考大型客车、重型牵引挂车、城市公交车、中型客车、大型货车准驾车型

的，在取得学习驾驶证明满四十日后预约考试。属于已经持有汽车类驾驶证，申请增加准驾车型的，在取得学习驾驶证明满三十日后预约考试。

★ 持军队、武装警察部队或者境外机动车驾驶证的申请人，应当自车辆管理所受理之日起三年内完成科目考试。

★ 申请人因故不能按照预约时间参加考试的，应当提前一日申请取消预约。对申请人未按照预约考试时间参加考试的，判定该次考试不合格。

★ 每个科目考试一次，考试不合格的，可以补考一次。不参加补考或者补考仍不合格的，本次考试终止，申请人应当重新预约考试，但科目二、科目三考试应当在十日后预约。科目三安全文明驾驶常识考试不合格的，已通过的道路驾驶技能考试成绩有效。

在学习驾驶证明有效期内，科目二和科目三道路驾驶技能考试预约考试的次数分别不得超过五次。第五次考试仍不合格的，已考试合格的其他科目成绩作废。

★ 车辆管理所组织考试前应当使用全国统一的计算机管理系统当日随机选配考试员，随机安排考生分组，随机选取考试路线。

★ 从事考试工作的人员，应当持有公安机关交通管理部门颁发的资格证书。公安机关交通管理部门应当在公安民警、警务辅助人员中选拔足够数量的考试员，从事考试工作。可以聘用运输企业驾驶人、警风警纪监督员等人员承担考试辅助工作和监督职责。

考试员应当认真履行考试职责，严格按照规定考试，接受社会监督。在考试前应当自我介绍，讲解考试要求，核实申请人身份；考试中应当严格执行考试程序，按照考试项目和考试标准评定考试成绩；考试后应当当场公布考试成绩，讲评考试不合格原因。

每个科目的考试成绩单应当有申请人和考试员的签名。未签名的不得核发机动车驾驶证。

★ 考试员、考试辅助人员及考场工作人员应当严格遵守考试工作纪律，不得为不符合机动车驾驶许可条件、未经考试、考试不合格人员签注合格考试成绩，不得减少考试项目、降低评判标准或者参与、协助、纵容考试作弊，不得参与或者变相参与驾驶培训机构、社会考场经营活动，不得收取驾驶培训机构、社会考场、教练员、申请人的财物。

★ 直辖市、设区的市或者相当于同级的公安机关交通管理部门应当根据本地考试需求建设考场，配备足够数量的考试车辆。对考场布局、数量不能满足本地考试需求的，应当采取政府购买服务等方式使用社会考场，并按照公平竞争、择优选定的原则，依法通过公开招标等程序确定。对考试供给能力能够满足考试需求的，应当及时向社会公告，不再购买社会考场服务。

考试场地建设、路段设置、车辆配备、设施设备配置以及考试项目、评判要求应当符合相关标准。考试场地、考试设备和考试系统应当经省级公安机关交通管理部门验收合格后方可使用。公安机关交通管理部门应当加强对辖区考场的监督管理，定期开展考试场地、考试车辆、考试设备和考场管理情况的监督检查。

3.1.8 驾驶人考试管理

★ 车辆管理所应当在办事大厅、候考场所和互联网公开各考场的考试能力、预约计划、预约人数和约考结果等情况，公布考场布局、考试路线和流程。考试预约计划应当至少在考试前十日在互联网上公开。

车辆管理所应当在候考场所、办事大厅向群众直播考试视频，考生可以在考试结束后三日内查询自己的考试视频资料。

★ 车辆管理所应当严格比对、核验考生身份，对考试过程进行全程录音、录像，并实时监控考试过程，没有使用录音、录像设备的，不得组织考试。严肃考试纪律，规范考场秩序，对考场秩序混乱的，应当中止考试。考试过程中，考试员应当使用执法记录仪记录监考过程。

车辆管理所应当建立音视频信息档案，存储录音、录像设备和执法记录仪记录的音像资料。建立考试质量抽查制度，每日抽查音视频信息档案，发现存在违反考试纪律、考场秩序混乱以及音视频信息缺失或者不完整的，应当进行调查处理。

省级公安机关交通管理部门应当定期抽查音视频信息档案，及时通报、纠正、查处发现的问题。

★ 车辆管理所应当根据考试场地、考试设备、考试车辆、考试员数量等实际情况，核定每个考场、每个考试员每日最大考试量。

车辆管理所应当根据驾驶培训主管部门提供的信息对驾驶培训机构教练员、教练车、训练场地等情况进行备案。

★ 公安机关交通管理部门应当建立业务监督管理中心，通过远程监控、数据分析、日常检查、档案抽查、业务回访等方式，对机动车驾驶人考试和机动车驾驶证业务办理情况进行监督管理。

直辖市、设区的市或者相当于同级的公安机关交通管理部门应当通过监管系统每周对机动车驾驶人考试情况进行监控、分析，及时查处整改发现的问题。省级公安机关交通管理部门应当通过监管系统每月对机动车驾驶人考试情况进行监控、分析，及时查处、通报发现的问题。

车辆管理所存在为未经考试或者考试不合格人员核发机动车驾驶证等严重违规办理机动车驾驶证业务情形的，上级公安机关交通管理部门可以暂停该车辆管理所办理相关业务或者指派其他车辆管理所人员接管业务。

★ 县级公安机关交通管理部门办理机动车驾驶证业务的，办公场所、设施设备、人员资质和信息系统等应当满足业务办理需求，并符合相关规定和标准要求。

直辖市、设区的市公安机关交通管理部门应当加强对县级公安机关交通管理部门办理机动车驾驶证相关业务的指导、培训和监督管理。

★ 公安机关交通管理部门应当对社会考场的场地设施、考试系统、考试工作等进行统一管理。

社会考场的考试系统应当接入机动车驾驶人考试管理系统，实时上传考试过程录音录像、考试成绩等信息。

★ 直辖市、设区的市或者相当于同级的公安机关交通管理部门应当每月向社会公布车辆管理所考试员考试质量情况、三年内驾龄驾驶人交通违法率和交通肇事率等信息。

直辖市、设区的市或者相当于同级的公安机关交通管理部门应当每月向社会公布辖区内驾驶培训机构的考试合格率、三年内驾龄驾驶人交通违法率和交通肇事率等信息，按照考试合格率、三年内驾龄驾驶人交通违法率和交通肇事率对驾驶培训机构培训质量公开排名，并通报培训主管部门。

★ 对三年内驾龄驾驶人发生一次死亡3人以上交通事故且负主要以上责任的，省级公安机关交通管理部门应当倒查车辆管理所考试、发证情况，向社会公布倒查结果。对三年内驾龄驾驶人发生一次死亡1～2人的交通事故且负主要以上责任的，直辖市、设区的市或者相当于同级的公安机关交通管理部门应当组织责任倒查。

直辖市、设区的市或者相当于同级的公安机关交通管理部门发现驾驶培训机构及其教练员存在缩短培训学时、减少培训项目以及贿赂考试员、以承诺考试合格等名义向学员索取财物、参与违规办理驾驶证或者考试舞弊行为的，应当通报培训主管部门，并向社会公布。

公安机关交通管理部门发现考场、考试设备生产销售企业及其工作人员存在组织或者参与考试舞弊、伪造或者篡改考试系统数据的，不得继续使用该考场或者采购该企业考试设备；构成犯罪的，依法追究刑事责任。

3.1.9 发证

★ 申请人考试合格后，应当接受不少于半小时的交通安全文明驾驶常识和交通事故案例警示教育，并参加领证宣誓仪式。

车辆管理所应当在申请人参加领证宣誓仪式的当日核发机动车驾驶证。

★ 公安机关交通管理部门应当实行机动车驾驶证电子化，机动车驾驶人可以通过互联网交通安全综合服务管理平台申请机动车驾驶证电子版。

机动车驾驶证电子版与纸质版具有同等效力。

3.1.10 换证与补证

★ 机动车驾驶人在机动车驾驶证的六年有效期内，每个记分周期均未记满12分的，换发十年有效期的机动车驾驶证；在机动车驾驶证的十年有效期内，每个记分周期均未记满12分的，换发长期有效的机动车驾驶证。

车辆管理所应当在一日内，对符合规定的机动车驾驶人换发并收回原机动车驾驶证。

★ 机动车驾驶人应当于机动车驾驶证有效期满前九十日内，向机动车驾驶证核发地或者核发地以外的车辆管理所申请换证。申请时应当确认申请信息，并提交以下证明、凭证：

❶ 机动车驾驶人的身份证明；

❷ 医疗机构出具的有关身体条件的证明。

★ 机动车驾驶人户籍迁出原车辆管理所管辖区的，应当向迁入地车辆管理所申请换证。机动车驾驶人在核发地车辆管理所管辖区以外居住的，可以向居住地车辆管理所申请换证。申请时应当确认申请信息，提交机动车驾驶人的身份证明和机动车驾驶证，并申报身体条件情况。

★ 有下列情形之一的，车辆管理所应当通知机动车驾驶人在三十日内办理换证业务。机动车驾驶人逾期未办理的，车辆管理所应当公告准驾车型驾驶资格作废。

❶ 年龄在60周岁以上的，不得驾驶大型客车、重型牵引挂车、城市公交车、中型客车、大型货车、轮式专用机械车、无轨电车和有轨电车。持有大型客车、重型牵引挂车、城市公交车、中型客车、大型货车驾驶证的，应当到机动车驾驶证核发地或者核发地以外的车辆管理所换领准驾车型为小型汽车或者小型自动挡汽车的机动车驾驶证，其中属于持有重型牵引挂车驾驶证的，还可以保留轻型牵引挂车准驾车型。

❷ 年龄在70周岁以上的，不得驾驶低速载货汽车、三轮汽车、轻型牵引挂车、普通三轮摩托车、普通二轮摩托车。持有普通三轮摩托车、普通二轮摩托车驾驶证的，应当到机动车驾驶证核发地或者核发地以外的车辆管理所换领准驾车型为轻便摩托车的机动车驾驶证；持有驾驶证包含轻型牵引挂车准驾车型的，应当到机动车驾驶证核发地或者核发地以外的车辆管理所换领准驾车型为小型汽车或者小型自动挡汽车的机动车驾驶证。

申请时应当确认申请信息，并提交机动车驾驶人的身份证明，医疗机构出具的有关身体条件的证明。

机动车驾驶人自愿降低准驾车型的，应当确认申请信息，并提交机动车驾驶人的身份证明和机动车驾驶证。

★ 有下列情形之一的，机动车驾驶人应当在三十日内到机动车驾驶证核发地或者核发地以外的车辆管理所申请换证：

❶ 在车辆管理所管辖区域内，机动车驾驶证记载的机动车驾驶人信息发生变化的；

❷ 机动车驾驶证损毁，无法辨认的。

申请时应当确认申请信息，并提交机动车驾驶人的身份证明；属于第❶项的，还应当提交机动车驾驶证；属于身份证明号码变更的，还应当提交相关变更证明。

★ 机动车驾驶人身体条件发生变化，不符合所持机动车驾驶证准驾车型的条件，但符合准予驾驶的其他准驾车型条件的，应当在三十日内到机动车驾驶证核发地或者核发地以外的车辆管理所申请降低准驾车型。申请时应当确认申请信息，并提交机动车驾驶人的身份证明、医疗机构出具的有关身体条件的证明。

车辆管理所应当在一日内，对符合规定的机动车驾驶人注销并收回原机动车驾驶证。

机动车驾驶人身体条件发生变化，或因吸毒、饮酒、交通肇事逃逸构成犯罪等情况，不适合驾驶机动车的，应当在三十日内到机动车驾驶证核发地车辆管理所申请注销。申请时应当确认申请信息，并提交机动车驾驶人的身份证明和机动车驾驶证。

★ 机动车驾驶证遗失的，机动车驾驶人应当向机动车驾驶证核发地或者核发地以外的车辆管理所申请补发。申请时应当确认申请信息，并提交机动车驾驶人的身份证明。符合规定的，车辆管理所应当在一日内补发机动车驾驶证。

❶ 机动车驾驶人补领机动车驾驶证后，原机动车驾驶证作废，不得继续使用。

❷ 机动车驾驶证被依法扣押、扣留或者暂扣期间，机动车驾驶人不得申请补发。

★ 机动车驾驶人向核发地以外的车辆管理所申请办理换证、补证业务时，应当同时按照向迁入地车辆管理所申请换证的规定办理。

3.2　机动车驾驶人管理

3.2.1　基本要求

机动车驾驶人初次取得汽车类准驾车型或者初次取得摩托车类准驾车型后的12个月为实习期。

在实习期内驾驶机动车的，应当在车身后部粘贴或者悬挂统一式样的实习标志。

★ 机动车驾驶人在实习期内不得驾驶公共汽车、营运客车或者执行任务的警车、消防车、救护车、工程救险车以及载有爆炸物品、易燃易爆化学物品、剧毒或者放射性等危险物品的机动车；驾驶的机动车不得牵引挂车。

驾驶人在实习期内驾驶机动车上高速公路行驶，应当由持相应或者包含其准驾车型驾驶证三年以上的驾驶人陪同。其中，驾驶残疾人专用小型自动挡载客汽车的，可以由持有小型自动挡载客汽车以上准驾车型驾驶证的驾驶人陪同。

在增加准驾车型后的实习期内，驾驶原准驾车型的机动车时不受上述限制。

实习标志式样

（正面）

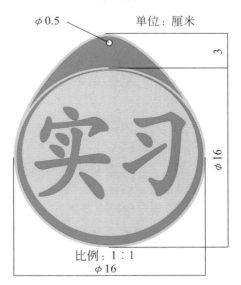

注：1. 实习标志的主色为黄色 ■ Y100，配色为橘红色 ■ M80Y100。

2. "实习"两字用大小为250磅的粗楷体。

3. 在实习期内驾驶机动车的，应当在车身后部粘贴或悬挂实习标志。

残疾人机动车专用标志式样

（正面）

★ 持有准驾车型为残疾人专用小型自动挡载客汽车的机动车驾驶人驾驶机动车时，应当按规定在车身设置残疾人机动车专用标志。

有听力障碍的机动车驾驶人驾驶机动车时，应当佩戴助听设备。有视力矫正的机动车驾驶人驾驶机动车时，应当佩戴眼镜。

3.2.2 计分 [《道路交通安全违法行为记分管理办法》（公安部令第163号）]

★ 公安机关交通管理部门对机动车驾驶人的道路交通安全违法行为，除依法给予行政处罚外，实行道路交通安全违法行为累积记分制度，记分周期为12个月，满分为12分。

机动车驾驶人在一个记分周期内记分达到12分的，应当按规定参加学习、考试。

★ 根据交通违法行为的严重程度，一次记分的分值为12分、9分、6分、3分、1分。

★ 机动车驾驶人有下列交通违法行为之一，一次记12分：

❶ 饮酒后驾驶机动车的；

❷ 造成致人轻伤以上或者死亡的交通事故后逃逸，尚不构成犯罪的；

❸ 使用伪造、变造的机动车号牌、行驶证、驾驶证、校车标牌或者使用其他机动车号牌、行驶证的；

❹ 驾驶校车、公路客运汽车、旅游客运汽车载人超过核定人数百分之二十以上，或者驾驶其他载客汽车载人超过核定人数百分之百以上的；

❺ 驾驶校车、中型以上载客载货汽车、危险物品运输车辆在高速公路、城市快速路上行驶超过规定时速百分之二十以上，或者驾驶其他机动车在高速公路、城市快速路上行驶超过规定时速百分之五十以上的；

❻ 驾驶机动车在高速公路、城市快速路上倒车、逆行、穿越中央分隔带掉头的；

❼ 代替实际机动车驾驶人接受交通违法行为处罚和记分牟取经济利益的。

★ 机动车驾驶人有下列交通违法行为之一，一次记9分：

❶ 驾驶7座以上载客汽车载人超过核定人数百分之五十以上未达到百分之百的；

❷ 驾驶校车、中型以上载客载货汽车、危险物品运输车辆在高速公路、城市快速路以外的道路上行驶超过规定时速百分之五十以上的；

❸ 驾驶机动车在高速公路或者城市快速路上违法停车的；

❹ 驾驶未悬挂机动车号牌或者故意遮挡、污损机动车号牌的机动车上道路行驶的；

❺ 驾驶与准驾车型不符的机动车的；

❻ 未取得校车驾驶资格驾驶校车的；

❼ 连续驾驶中型以上载客汽车、危险物品运输车辆超过4小时未停车休息或者停车休息时间少于20分钟的。

★ 机动车驾驶人有下列交通违法行为之一，一次记6分：

❶ 驾驶校车、公路客运汽车、旅游客运汽车载人超过核定人数未达到百分之二十，或者驾驶7座以上载客汽车载人超过核定人数百分之二十以上未达到百分之五十，或者驾驶其他载客汽车载人超过核定人数百分之五十以上未达到百分之百的；

❷ 驾驶校车、中型以上载客载货汽车、危险物品运输车辆在高速公路、城市快速路上行驶超过规定时速未达到百分之二十，或者在高速公路、城市快速路以外的道路上行驶超过规定时速百分之二十以上未达到百分之五十的；

❸ 驾驶校车、中型以上载客载货汽车、危险物品运输车辆以外的机动车在高速公路、城市快速路上行驶超过规定时速百分之二十以上未达到百分之五十，或者在高速公路、城市快速路以外的道路上行驶超过规定时速百分之五十以上的；

❹ 驾驶载货汽车载物超过最大允许总质量百分之五十以上的；

❺ 驾驶机动车载运爆炸物品、易燃易爆化学物品以及剧毒、放射性等危险物品，未按指定的时间、路线、速度行驶或者未悬挂警示标志并采取必要的安全措施的；

❻ 驾驶机动车运载超限的不可解体的物品，未按指定的时间、路线、速度行驶或者未悬挂警示标志的；

❼ 驾驶机动车运输危险化学品，未经批准进入危险化学品运输车辆限制通行的区域的；

❽ 驾驶机动车不按交通信号灯指示通行的；

❾ 机动车驾驶证被暂扣或者扣留期间驾驶机动车的；

❿ 造成致人轻微伤或者财产损失的交通事故后逃逸，尚不构成犯罪的；

⓫ 驾驶机动车在高速公路或者城市快速路上违法占用应急车道行驶的。

★ 机动车驾驶人有下列交通违法行为之一，一次记3分：

❶ 驾驶校车、公路客运汽车、旅游客运汽车、7座以上载客汽车以外的其他载客汽车载人超过核定人数百分之二十以上未达到百分之五十的；

❷ 驾驶校车、中型以上载客载货汽车、危险物品运输车辆以外的机动车在高速公路、城市快速路以外的道路上行驶超过规定时速百分之二十以上未达到百分之五十的；

❸ 驾驶机动车在高速公路或者城市快速路上不按规定车道行驶的；

❹ 驾驶机动车不按规定超车、让行，或者在高速公路、城市快速路以外的道路上逆行的；

❺ 驾驶机动车遇前方机动车停车排队或者缓慢行驶时，借道超车或者占用对面车道、穿插等候车辆的；

❻ 驾驶机动车有拨打、接听手持电话等妨碍安全驾驶的行为的；

⑦ 驾驶机动车行经人行横道不按规定减速、停车、避让行人的；

⑧ 驾驶机动车不按规定避让校车的；

⑨ 驾驶载货汽车载物超过最大允许总质量百分之三十以上未达到百分之五十的，或者违反规定载客的；

⑩ 驾驶不按规定安装机动车号牌的机动车上道路行驶的；

⑪ 在道路上车辆发生故障、事故停车后，不按规定使用灯光或者设置警告标志的；

⑫ 驾驶未按规定定期进行安全技术检验的公路客运汽车、旅游客运汽车、危险物品运输车辆上道路行驶的；

⑬ 驾驶校车上道路行驶前，未对校车车况是否符合安全技术要求进行检查，或者驾驶存在安全隐患的校车上道路行驶的；

⑭ 连续驾驶载货汽车超过4小时未停车休息或者停车休息时间少于20分钟的；

⑮ 驾驶机动车在高速公路上行驶低于规定最低时速的。

★ 机动车驾驶人有下列交通违法行为之一，一次记1分：

❶ 驾驶校车、中型以上载客载货汽车、危险物品运输车辆在高速公路、城市快速路以外的道路上行驶超过规定时速百分之十以上未达到百分之二十的；

❷ 驾驶机动车不按规定会车，或者在高速公路、城市快速路以外的道路上不按规定倒车、掉头的；

❸ 驾驶机动车不按规定使用灯光的；

❹ 驾驶机动车违反禁令标志、禁止标线指示的；

❺ 驾驶机动车载货长度、宽度、高度超过规定的；

❻ 驾驶载货汽车载物超过最大允许总质量未达到百分之三十的；

❼ 驾驶未按规定定期进行安全技术检验的公路客运汽车、旅游客运汽车、危险物品运输车辆以外的机动车上道路行驶的；

❽ 驾驶擅自改变已登记的结构、构造或者特征的载货汽车上道路行驶的；

❾ 驾驶机动车在道路上行驶时，机动车驾驶人未按规定系安全带的；

❿ 驾驶摩托车，不戴安全头盔的。

3.2.3　记分执行

❶ 公安机关交通管理部门对机动车驾驶人的交通违法行为，在做出行政处罚决定的同时予以记分。

对机动车驾驶人做出处罚前，应当在告知拟做出的行政处罚决定的同时，告知该交通违法行为的记分分值，并在处罚决定书上载明。

❷ 机动车驾驶人有二起以上交通违法行为应当予以记分的，记分分值累积计算。

机动车驾驶人可以一次性处理完毕同一辆机动车的多起交通违法行为记录，记分分值累积计算。累积记分未满12分的，可以处理其驾驶的其他机动车的交通违法行为记录；累积记分满12分的，不得再处理其驾驶的其他机动车的交通违法行为记录。

❸ 机动车驾驶人在一个记分周期期限届满，累积记分未满12分的，该记分周期内的记分予以清除；累积记分虽未满12分，但有罚款逾期未缴纳的，该记分周期内尚未缴纳罚款的交通违法行为记分分值转入下一记分周期。

❹ 行政处罚决定被依法变更或者撤销的，相应记分应当变更或者撤销。

3.2.4 满分处理

❶ 机动车驾驶人在一个记分周期内累积记分满12分的，公安机关交通管理部门应当扣留其机动车驾驶证，开具强制措施凭证，并送达满分教育通知书，通知机动车驾驶人参加满分学习、考试。

临时入境的机动车驾驶人在一个记分周期内累积记分满12分的，公安机关交通管理部门应当注销其临时机动车驾驶许可，并送达满分教育通知书。

❷ 机动车驾驶人在一个记分周期内累积记分满12分的，应当参加为期七天的道路交通安全法律、法规和相关知识学习。其中，大型客车、重型牵引挂车、城市公交车、中型客车、大型货车驾驶人应当参加为期三十天的道路交通安全法律、法规和相关知识学习。

机动车驾驶人在一个记分周期内参加满分教育的次数每增加一次或者累积记分每增加12分，道路交通安全法律、法规和相关知识的学习时间增加七天，每次满分学习的天数最多六十天。其中，大型客车、重型牵引挂车、城市公交车、中型客车、大型货车驾驶人在一个记分周期内参加满分教育的次数每增加一次或者累积记分每增加12分，道路交通安全法律、法规和相关知识的学习时间增加三十天，每次满分学习的天数最多一百二十天。

❸ 道路交通安全法律、法规和相关知识学习包括现场学习、网络学习和自主学习。网络学习应当通过公安机关交通管理部门互联网学习教育平台进行。

机动车驾驶人参加现场学习、网络学习的天数累计不得少于五天，其中，现场学习的天数不得少于二天。大型客车、重型牵引挂车、城市公交车、中型客车、大型货车驾驶人参加现场学习、网络学习的天数累计不得少于十天，其中，现场学习的天数不得少于五天。满分学习的剩余天数通过自主学习完成。

机动车驾驶人单日连续参加现场学习超过三小时或者参加网络学习时间累计超过三小时的，按照一天计入累计学习天数。同日既参加现场学习又参加网络学习的，学习天数不累积计算。

❹ 机动车驾驶人可以在机动车驾驶证核发地或者交通违法行为发生地、处理地参加公安机关交通管理部门组织的道路交通安全法律、法规和相关知识学习，并在学习地参加考试。

❺ 机动车驾驶人在一个记分周期内累积记分满12分，符合第❷项和第❸项规定的，可以预约参加道路交通安全法律、法规和相关知识考试。考试不合格的，十日后预约重新考试。

❻ 机动车驾驶人在一个记分周期内二次累积记分满12分或者累积记分满24分未满36分的，应当在道路交通安全法律、法规和相关知识考试合格后，按照《机动车驾驶证申领和使用规定》的规定（参见3.1.7节）预约参加道路驾驶技能考试。考试不合格的，十日后预约重新考试。

机动车驾驶人在一个记分周期内三次以上累积记分满12分或者累积记分满36分的，应当在道路交通安全法律、法规和相关知识考试合格后，按照《机动车驾驶证申领和使用规定》的规定（参见3.1.7节）预约参加场地驾驶技能和道路驾驶技能考试。考试不合格的，十日后预约重新考试。

❼ 机动车驾驶人经满分学习、考试合格且罚款已缴纳的，记分予以清除，发还机动车驾驶证。机动车驾驶人同时被处以暂扣机动车驾驶证的，在暂扣期限届满后发还机动车驾驶证。

❽ 满分学习、考试内容应当按照机动车驾驶证载明的准驾车型确定。

3.2.5　记分减免

★ 机动车驾驶人处理完交通违法行为记录后累积记分未满12分，参加公安机关交通管理部门组织的交通安全教育并达到规定要求的，可以申请在机动车驾驶人现有累积记分分值中扣减记分。在一个记分周期内累计最高扣减6分。

★ 机动车驾驶人申请接受交通安全教育扣减交通违法行为记分的，公安机关交通管理部门应当受理。但有以下情形之一的，不予受理：

❶ 在本记分周期内或者上一个记分周期内，机动车驾驶人有二次以上参加满分教育记录的；

❷ 在最近三个记分周期内，机动车驾驶人因造成交通事故后逃逸，或者饮酒后驾驶机动车，或者使用伪造、变造的机动车号牌、行驶证、驾驶证、校车标牌，或者使用其他机动车号牌、行驶证，或者买分卖分受到过处罚的；

❸ 机动车驾驶证在实习期内，或者机动车驾驶证逾期未审验，或者机动车驾驶证被扣留、暂扣期间的；

❹ 机动车驾驶人名下有安全技术检验超过有效期或者未按规定办理注销登记的机动车的；

❺ 在最近三个记分周期内，机动车驾驶人参加接受交通安全教育扣减交通违法行为记分或者机动车驾驶人满分教育、审验教育时，有弄虚作假、冒名顶替记录的。

★ 参加公安机关交通管理部门组织的道路交通安全法律、法规和相关知识网上学习三日内累计满三十分钟且考试合格的，一次扣减1分。

参加公安机关交通管理部门组织的道路交通安全法律、法规和相关知识现场学习满一小时且考试合格的，一次扣减2分。

参加公安机关交通管理部门组织的交通安全公益活动的，满一小时为一次，一次扣减1分。

★ 交通违法行为情节轻微，给予警告处罚的，免于记分。

3.2.6 法律责任

❶ 机动车驾驶人在一个记分周期内累积记分满12分，机动车驾驶证未被依法扣留或者收到满分教育通知书后三十日内拒不参加公安机关交通管理部门通知的满分学习、考试的，由公安机关交通管理部门公告其机动车驾驶证停止使用。

❷ 机动车驾驶人请他人代为接受交通违法行为处罚和记分并支付经济利益的，由公安机关交通管理部门处所支付经济利益三倍以下罚款，但最高不超过五万元；同时，依法对原交通违法行为做出处罚。

代替实际机动车驾驶人接受交通违法行为处罚和记分牟取经济利益的，由公安机关交通管理部门处违法所得三倍以下罚款，但最高不超过五万元；同时，依法撤销原行政处罚决定。

组织他人实施第❷项行为之一牟取经济利益的，由公安机关交通管理部门处违法所得五倍以下罚款，但最高不超过十万元；有扰乱单位秩序等行为，构成违反治安管理行为的，依法予以治安管理处罚。

❸ 机动车驾驶人参加满分教育时在签注学习记录、满分学习考试中弄虚作假的，相应学习记录、考试成绩无效，由公安机关交通管理部门处一千元以下罚款。

机动车驾驶人在参加接受交通安全教育扣减交通违法行为记分中弄虚作假的，由公安机关交通管理部门撤销相应记分扣减记录，恢复相应记分，处一千元以下罚款。

代替实际机动车驾驶人参加满分教育签注学习记录、满分学习考试或者接受交通安全教育扣减交通违法行为记分的，由公安机关交通管理部门处二千元以下罚款。

组织他人实施第❸项行为之一，有违法所得的，由公安机关交通管理部门处违法所得三倍以下罚款，但最高不超过二万元；没有违法所得的，由公安机关交通管理部门处二万元以下罚款。

3.2.7 相关说明

★ 公安机关交通管理部门对拖拉机驾驶人予以记分的，应当定期将记分情况通报农业农村主管部门。

★ 省、自治区、直辖市公安厅、局可以根据本地区的实际情况，在《道路交通安全违法行为记分管理办法》规定的处罚幅度范围内，制定具体的执行标准。

对《道路交通安全违法行为记分管理办法》规定的交通违法行为的处理程序按照《道路交通安全违法行为处理程序规定》执行。

★《道路交通安全违法行为记分管理办法》所称"三日""十日""三十日"，是指自然日。期间的最后一日为节假日的，以节假日期满后的第一个工作日为期间届满的日期。

3.2.8 审验

★ 机动车驾驶人应当按照法律、行政法规的规定，定期到公安机关交通管理部门接受审验。

❶ 持军队、武装警察部队机动车驾驶证的人申请换证或者向迁入地申请换领机动车驾驶证时，应当接受公安机关交通管理部门的审验。

❷ 持有大型客车、重型牵引挂车、城市公交车、中型客车、大型货车驾驶证的驾驶人，应当在每个记分周期结束后三十日内到公安机关交通管理部门接受审验。但在一个记分周期内没有记分记录的，免于本记分周期审验。

持有第❷项规定以外准驾车型驾驶证的驾驶人，发生交通事故造成人员死亡承担同等以上责任未被吊销机动车驾驶证的，应当在本记分周期结束后三十日内到公安机关交通管理部门接受审验。

年龄在70周岁以上的机动车驾驶人发生责任交通事故造成人员重伤或者死亡的，应当在本记分周期结束后三十日内到公安机关交通管理部门接受审验。

机动车驾驶人可以在机动车驾驶证核发地或者核发地以外的地方参加审验、提交身体条件证明。

★ 机动车驾驶证审验内容包括：

❶ 道路交通安全违法行为、交通事故处理情况；

❷ 身体条件情况；

❸ 道路交通安全违法行为记分及记满12分后参加学习和考试情况。

持有大型客车、重型牵引挂车、城市公交车、中型客车、大型货车驾驶证一个记分周期内有记分的，以及持有其他准驾车型驾驶证发生交通事故造成人员死亡承担同等以上责任未被吊销机动车驾驶证的驾驶人，审验时应当参加不少于三小时的道路交通安全法律法规、交通安全文明驾驶、应急处置等知识学习，并接受交通事故案例警示教育。

年龄在70周岁以上的机动车驾驶人审验时还应当按照规定进行记忆力、判断力、反应力等能力测试。

对道路交通安全违法行为或者交通事故未处理完毕的，身体条件不符合驾驶许可条件的，未按照规定参加学习、教育和考试的，不予通过审验。

★ 年龄在70周岁以上的机动车驾驶人，应当每年进行一次身体检查，在记分周期结束后三十日内，提交医疗机构出具的有关身体条件的证明。

持有残疾人专用小型自动挡载客汽车驾驶证的机动车驾驶人，应当每三年进行一次身体检查，在记分周期结束后三十日内，提交医疗机构出具的有关身体条件的证明。

持有大型客车、重型牵引挂车、城市公交车、中型客车、大型货车驾驶证的驾驶人，应当在每个记分周期结束后三十日内到公安机关交通管理部门接受审验，应当申报身体条件情况。但在一个记分周期内没有记分记录的，免于本记分周期审验。

★ 机动车驾驶人因服兵役、出国（境）等原因，无法在规定时间内办理驾驶证期满换证、审验、提交身体条件证明的，可以在驾驶证有效期内或者有效期届满一年内向机动车驾驶证核发地车辆管理所申请延期办理。申请时应当确认申请信息，并提交机动车驾驶人的身份证明。

延期期限最长不超过三年。延期期间机动车驾驶人不得驾驶机动车。

3.2.9 注销

★ 机动车驾驶人有下列情形之一的，车辆管理所应当注销其机动车驾驶证：

❶ 死亡的；

❷ 提出注销申请的；

❸ 丧失民事行为能力，监护人提出注销申请的；

❹ 身体条件不适合驾驶机动车的；

❺ 有器质性心脏病、癫痫病、美尼尔氏症、眩晕症、癔病、震颤麻痹、精神病、痴呆以及影响肢体活动的神经系统疾病等妨碍安全驾驶疾病的；

❻ 被查获有吸食、注射毒品后驾驶机动车行为，依法被责令社区戒毒、社区康复或者决定强制隔离戒毒，或者长期服用依赖性精神药品成瘾尚未戒除的；

❼ 代替他人参加机动车驾驶人考试的；

❽ 超过机动车驾驶证有效期一年以上未换证的；

❾ 年龄在70周岁以上，在一个记分周期结束后一年内未提交身体条件证明的；或者持有残疾人专用小型自动挡载客汽车准驾车型驾驶证，在三个记分周期结束后一年内未提交身体条件证明的；

❿ 年龄在60周岁以上，所持机动车驾驶证只具有轮式专用机械车、无轨电车或者有轨电车准驾车型，或者年龄在70周岁以上，所持机动车驾驶证只具有低速载货汽车、三轮汽车准驾车型的；

⓫ 机动车驾驶证依法被吊销或者驾驶许可依法被撤销的。

有第❷项至第⓫项情形之一，未收回机动车驾驶证的，应当公告机动车驾驶证作废。

有第❽项情形被注销机动车驾驶证未超过二年的，机动车驾驶人参加道路交通安全法律、法规和相关知识考试合格后，可以恢复驾驶资格。申请人可以向机动车驾驶证核发地或者核发地以外的车辆管理所申请。

有第❾项情形被注销机动车驾驶证，机动车驾驶证在有效期内或者超过有效期不满一年的，机动车驾驶人提交身体条件证明后，可以恢复驾驶资格。申请人可以向机动车驾驶证核发地或者核发地以外的车辆管理所申请。

有第❷项至第❾项情形之一，驾驶证被注销后，按照规定再次申请机动车驾驶证，有道路交通安全违法行为或者交通事故未处理记录的，应当将道路交通安全违法行为、交通事故处理完毕。

★ 机动车驾驶人在实习期内发生的道路交通安全违法行为被记满12分的，注销其实习的准驾车型驾驶资格。

3.2.10 降级

❶ 年龄在60周岁以上的，不得驾驶大型客车、重型牵引挂车、城市公交车、中型客车、大型货车、轮式专用机械车、无轨电车和有轨电车。持有大型客车、重型牵引挂车、城市公交车、中型客车、大型货车驾驶证的，应当到机动车驾驶证核发地或者核发地以外的车辆管理所换领准驾车型为小型汽车或者小型自动挡汽车的机动车驾驶证，其中属于持有重型牵引挂车驾驶证的，还可以保留轻型牵引挂车准驾车型驾驶资格。

❷ 年龄在70周岁以上的，不得驾驶低速载货汽车、三轮汽车、轻型牵引挂车、普通三轮摩托车、普通二轮摩托车。持有普通三轮摩托车、普通二轮摩托车驾驶证的，应当到机动车驾驶证核发地或者核发地以外的车辆管理所换领准驾车型为轻便摩托车的机动车驾驶证；持有驾驶证包含轻型牵引挂车准驾车型的，应当到机动车驾驶证核发地或者核发地以外的车辆管理所换领准驾车型为小型汽车或者小型自动挡汽车的机动车驾驶证。

有第❶项和第❷项规定情形之一的，车辆管理所应当通知机动车驾驶人在三十日内办理换证业务。机动车驾驶人逾期未办理的，车辆管理所应当公告准驾车型驾驶资格作废。

申请时应当确认申请信息，并提交机动车驾驶人的身份证明及医疗机构出具的有关身体条件的证明。

机动车驾驶人自愿降低准驾车型的，应当确认申请信息，并提交机动车驾驶人的身份证明和机动车驾驶证。

3.2.11 机动车驾驶人联系信息发生变化后的备案

★ 机动车驾驶人联系电话、联系地址等信息发生变化的，应当在信息变更后三十日内，向驾驶证核发地车辆管理所备案。

持有大型客车、重型牵引挂车、城市公交车、中型客车、大型货车驾驶证的驾驶人从业单位等信息发生变化的，应当在信息变更后三十日内，向从业单位所在地车辆管理所备案。

★ 车辆管理所在办理驾驶证核发及相关业务过程中发现存在以下情形的，应当及时开展调查：

❶ 涉嫌提交虚假申请材料的；

❷ 涉嫌在考试过程中有贿赂、舞弊行为的；

❸ 涉嫌以欺骗、贿赂等不正当手段取得机动车驾驶证的；

❹ 涉嫌使用伪造、变造的机动车驾驶证的；

⑤ 存在短期内频繁补换领、转出转入驾驶证等异常情形的；

⑥ 存在其他违法违规情形的。

车辆管理所发现申请人通过互联网办理驾驶证补证、换证等业务存在规定嫌疑情形的，应当转为现场办理，当场审查申请材料，及时开展调查。

★ 车辆管理所开展调查时，可以通知申请人协助调查，询问嫌疑情况，记录调查内容，并可以采取实地检查、调取档案、调取考试视频监控等方式进行核查。

对经调查发现涉及行政案件或者刑事案件的，应当依法采取必要的强制措施或者其他处置措施，移交有管辖权的公安机关按照《公安机关办理行政案件程序规定》《公安机关办理刑事案件程序规定》等规定办理。

★ 办理残疾人专用小型自动挡载客汽车驾驶证业务时，提交的身体条件证明应当由经省级卫生健康行政部门认定的专门医疗机构出具。办理其他机动车驾驶证业务时，提交的身体条件证明应当由县级、部队团级以上医疗机构，或者经地市级以上卫生健康行政部门认定的具有健康体检资质的二级以上医院、乡镇卫生院、社区卫生服务中心、健康体检中心等医疗机构出具。

身体条件证明自出具之日起六个月内有效。

公安机关交通管理部门应当会同卫生健康行政部门在办公场所和互联网公示辖区内可以出具有关身体条件证明的医疗机构名称、地址及联系方式。

★ 医疗机构出具虚假身体条件证明的，公安机关交通管理部门应当停止认可该医疗机构出具的证明，并通报卫生健康行政部门。

3.2.12 校车驾驶人管理

★ 校车驾驶人应当依法取得校车驾驶资格。

取得校车驾驶资格应当符合下列条件：

❶ 取得相应准驾车型驾驶证并具有三年以上驾驶经历，年龄在25周岁以上、不超过60周岁；

❷ 最近连续三个记分周期内没有被记满12分记录；

❸ 无致人死亡或者重伤的交通事故责任记录；

❹ 无酒后驾驶或者醉酒驾驶机动车记录，最近一年内无驾驶客运车辆超员、超速等严重道路交通安全违法行为记录；

❺ 无犯罪记录；

❻ 身心健康，无传染性疾病，无癫痫病、精神病等可能危及行车安全的疾病病史，无酗酒、吸毒行为记录。

★ 机动车驾驶人申请取得校车驾驶资格，应当向县级或者设区的市级公安机关交通管理部门提出申请，确认申请信息，并提交以下证明、凭证：

❶ 申请人的身份证明；

❷ 机动车驾驶证；

❸ 医疗机构出具的有关身体条件的证明。

★ 公安机关交通管理部门自受理申请之日起五日内审查提交的证明、凭证，并向所在地县级公安机关核查，确认申请人无犯罪、吸毒行为记录。对符合条件的，在机动车驾驶证上签注准许驾驶校车及相应车型，并通报教育行政部门；不符合条件的，应当书面说明理由。

★ 校车驾驶人应当在每个记分周期结束后三十日内到公安机关交通管理部门接受审验。审验时，应当提交医疗机构出具的有关身体条件的证明，参加不少于三小时的道路交通安全法律法规、交通安全文明驾驶、应急处置等知识学习，并接受交通事故案例警示教育。

★ 公安机关交通管理部门应当与教育行政部门和学校建立校车驾驶人的信息交换机制，每月通报校车驾驶人的交通违法、交通事故和审验等情况。

★ 校车驾驶人有下列情形之一的，公安机关交通管理部门应当注销其校车驾驶资格，通知机动车驾驶人换领机动车驾驶证，并通报教育行政部门和学校：

❶ 提出注销申请的；

❷ 年龄超过60周岁的；

❸ 在致人死亡或者重伤的交通事故负有责任的；

❹ 有酒后驾驶或者醉酒驾驶机动车，以及驾驶客运车辆超员、超速等严重道路交通安全违法行为的；

❺ 有记满12分或者犯罪记录的；

❻ 有传染性疾病，有癫痫病、精神病等可能危及行车安全的疾病，有酗酒、吸毒行为记录的。

未收回签注校车驾驶许可的机动车驾驶证的，应当公告其校车驾驶资格作废。

3.2.13 对营运驾驶人的管理

★ 道路运输企业应当定期将聘用的机动车驾驶人向所在地公安机关交通管理部门备案，督促及时处理道路交通安全违法行为、交通事故和参加机动车驾驶证审验。

公安机关交通管理部门应当每月向辖区内交通运输主管部门、运输企业通报机动车驾驶人的道路交通安全违法行为、记分和交通事故等情况。

3.2.14 法律责任

★ 组织、参与实施下列行为之一牟取经济利益的，由公安机关交通管理部门处违法所得三倍以上五倍以下罚款，但最高不超过十万元。

❶ 申请人隐瞒有关情况或者提供虚假材料申领机动车驾驶证的，公安机关交通管

理部门不予受理或者不予办理，处五百元以下罚款；申请人在一年内不得再次申领机动车驾驶证。

❷ 申请人在考试过程中有贿赂、舞弊行为的，取消考试资格，已经通过考试的其他科目成绩无效，公安机关交通管理部门处二千元以下罚款；申请人在一年内不得再次申领机动车驾驶证。

❸ 申请人以欺骗、贿赂等不正当手段取得机动车驾驶证的，公安机关交通管理部门收缴机动车驾驶证，撤销机动车驾驶许可，处二千元以下罚款；申请人在三年内不得再次申领机动车驾驶证。

申请人隐瞒有关情况或者提供虚假材料申请校车驾驶资格的，公安机关交通管理部门不予受理或者不予办理，处五百元以下罚款；申请人在一年内不得再次申请校车驾驶资格。申请人以欺骗、贿赂等不正当手段取得校车驾驶资格的，公安机关交通管理部门撤销校车驾驶资格，处二千元以下罚款；申请人在三年内不得再次申请校车驾驶资格。

★ 申请人在教练员或者学车专用标识签注的指导人员随车指导下，使用符合规定的机动车学习驾驶中有道路交通安全违法行为或者发生交通事故的，由教练员或者随车指导人员承担责任。

★ 申请人在道路上学习驾驶时，有下列情形之一的，由公安机关交通管理部门对教练员或者随车指导人员处二十元以上二百元以下罚款：

❶ 未按照公安机关交通管理部门指定的路线、时间进行的；

❷ 未按照《机动车驾驶证申领和使用规定》（公安部令第162号）放置、粘贴学车专用标识的。

★ 申请人在道路上学习驾驶时，有下列情形之一的，由公安机关交通管理部门对教练员或者随车指导人员处二百元以上五百元以下罚款：

❶ 未使用符合规定的机动车的；

❷ 自学用车搭载随车指导人员以外的其他人员的。

★ 申请人在道路上学习驾驶时，有下列情形之一的，由公安机关交通管理部门按照"将机动车交由未取得机动车驾驶证或者机动车驾驶证被吊销、暂扣的人驾驶的"之规定予以处罚：

❶ 未取得学习驾驶证明的；

❷ 没有教练员或者随车指导人员的；

❸ 由不符合规定的人员随车指导的。

将机动车交由有规定情形之一的申请人驾驶的，由公安机关交通管理部门按照"将机动车交由未取得机动车驾驶证或者机动车驾驶证被吊销、暂扣的人驾驶的"的规定处二百元以上二千元以下罚款。

★ 机动车驾驶人有下列行为之一的，由公安机关交通管理部门处二十元以上二百元以下罚款：

❶ 机动车驾驶人补换领机动车驾驶证后，继续使用原机动车驾驶证的；

❷ 在实习期内驾驶机动车不符合相关规定的，如"机动车驾驶人在实习期内不得驾驶公共汽车、营运客车或者执行任务的警车、消防车、救护车、工程救险车以及载有爆炸物品、易燃易爆化学物品、剧毒或者放射性等危险物品的机动车；驾驶的机动车不得牵引挂车。""驾驶人在实习期内驾驶机动车上高速公路行驶，应当由持相应或者包含其准驾车型驾驶证三年以上的驾驶人陪同。其中，驾驶残疾人专用小型自动挡载客汽车的，可以由持有小型自动挡载客汽车以上准驾车型驾驶证的驾驶人陪同。"

❸ 持有大型客车、重型牵引挂车、城市公交车、中型客车、大型货车驾驶证的驾驶人，未按照相关规定申报变更信息的，如"机动车驾驶人联系电话、联系地址等信息发生变化的，应当在信息变更后三十日内，向驾驶证核发地车辆管理所备案。""驾驶人从业单位等信息发生变化的，应当在信息变更后三十日内，向从业单位所在地车辆管理所备案。"

★ 机动车驾驶人有下列行为之一的，由公安机关交通管理部门处二百元以上五百元以下罚款：

❶ 机动车驾驶证被依法扣押、扣留或者暂扣期间，采用隐瞒、欺骗手段补领机动车驾驶证的；

❷ 机动车驾驶人身体条件发生变化不适合驾驶机动车，仍驾驶机动车的；

❸ 逾期不参加审验仍驾驶机动车的。

有第❶项、第❷项规定情形之一的，由公安机关交通管理部门收回机动车驾驶证。

★ 机动车驾驶人参加审验教育时在签注学习记录、学习过程中弄虚作假的，相应学习记录无效，重新参加审验学习，由公安机关交通管理部门处一千元以下罚款。

代替实际机动车驾驶人参加审验教育的，由公安机关交通管理部门处二千元以下罚款。

组织他人实施以上行为之一，有违法所得的，由公安机关交通管理部门处违法所得三倍以下罚款，但最高不超过二万元；没有违法所得的，由公安机关交通管理部门处二万元以下罚款。

★ 省、自治区、直辖市公安厅、局可以根据本地区的实际情况，在本规定的处罚幅度范围内，制定具体的执行标准。

对本规定的道路交通安全违法行为的处理程序按照《道路交通安全违法行为处理程序规定》执行。

★ 公安机关交通管理部门及其交通警察、警务辅助人员办理机动车驾驶证业务、开展机动车驾驶人考试工作，应当接受监察机关、公安机关督察审计部门等依法实施的监督。

公安机关交通管理部门及其交通警察、警务辅助人员办理机动车驾驶证业务、开展机动车驾驶人考试工作，应当自觉接受社会和公民的监督。

★ 交通警察有下列情形之一的，按照有关规定给予处分；聘用人员有下列情形之一的予以解聘。构成犯罪的，依法追究刑事责任。

❶ 为不符合机动车驾驶许可条件、未经考试、考试不合格人员签注合格考试成绩或者核发机动车驾驶证的。

❷ 减少考试项目、降低评判标准或者参与、协助、纵容考试作弊的。

❸ 为不符合规定的申请人发放学习驾驶证明、学车专用标识的。

❹ 与非法中介串通牟取经济利益的。

❺ 违反规定侵入机动车驾驶证管理系统，泄漏、篡改、买卖系统数据，或者泄漏系统密码的。

❻ 违反规定向他人出售或者提供机动车驾驶证信息的。

❼ 参与或者变相参与驾驶培训机构、社会考场、考试设备生产销售企业经营活动的。

❽ 利用职务上的便利索取、收受他人财物或者牟取其他利益的。

交通警察未按照"车辆管理所应当严格比对、核验考生身份，对考试过程进行全程录音、录像，并实时监控考试过程，没有使用录音、录像设备的，不得组织考试。严肃考试纪律，规范考场秩序，对考场秩序混乱的，应当中止考试。考试过程中，考试员应当使用执法记录仪记录监考过程"之规定使用执法记录仪的，根据情节轻重，按照有关规定给予处分。

公安机关交通管理部门有第❶项至第❽项所列行为之一的，按照有关规定对直接负责的主管人员和其他直接责任人员给予相应的处分。

3.3 关于机动车驾驶证的其他管理规定

★ 国家之间对机动车驾驶证有互相认可协议的，按照协议办理。

国家之间签订有关协定涉及机动车驾驶证的，按照协定执行。

★ 机动车驾驶人可以委托代理人代理换证、补证、提交身体条件证明、提交审验材料、延期办理和注销业务。代理人申请机动车驾驶证业务时，应当提交代理人的身份证明和机动车驾驶人的委托书。

★ 公安机关交通管理部门应当实行驾驶人考试、驾驶证管理档案电子化。机动车驾驶证电子档案与纸质档案具有同等效力。

★ 机动车驾驶证、临时机动车驾驶许可和学习驾驶证明的式样由公安部统一制定并监制。

机动车驾驶证、临时机动车驾驶许可和学习驾驶证明的制作应当按照中华人民共和国公共安全行业标准《中华人民共和国机动车驾驶证件》执行。

★ 拖拉机驾驶证的申领和使用另行规定：拖拉机驾驶证式样、规格应当符合中华人民共和国公共安全行业标准《中华人民共和国机动车驾驶证件》的规定。

3.4 机动车驾驶人管理相关用语的含义

3.4.1 身份证明

❶ 居民的身份证明，是居民身份证或者临时居民身份证。

❷ 现役军人（含武警）的身份证明，是居民身份证或者临时居民身份证。在未办理居民身份证前，是军队有关部门核发的军官证、文职干部证、士兵证、离休证、退休证等有效军人身份证件，以及其所在的团级以上单位出具的部队驻地住址证明。

❸ 香港、澳门特别行政区居民的身份证明，是港澳居民居住证；或者是其所持有的港澳居民来往内地通行证或者外交部核发的中华人民共和国旅行证，以及公安机关出具的住宿登记证明。

❹ 台湾地区居民的身份证明，是台湾居民居住证；或者是其所持有的公安机关核发的五年有效的台湾居民来往大陆通行证或者外交部核发的中华人民共和国旅行证，以及公安机关出具的住宿登记证明。

❺ 定居国外的中国公民的身份证明，是中华人民共和国护照和公安机关出具的住宿登记证明。

❻ 外国人的身份证明，是其所持有的有效护照或者其他国际旅行证件，停居留期三个月以上的有效签证或者停留、居留许可，以及公安机关出具的住宿登记证明；或者是外国人永久居留身份证。

❼ 外国驻华使馆、领馆人员、国际组织驻华代表机构人员的身份证明，是外交部核发的有效身份证件。

3.4.2 住址

❶ 居民的住址，是居民身份证或者临时居民身份证记载的住址。

❷ 现役军人（含武警）的住址，是居民身份证或者临时居民身份证记载的住址。在未办理居民身份证前，是其所在的团级以上单位出具的部队驻地住址。

❸ 境外人员的住址，是公安机关出具的住宿登记证明记载的地址。

❹ 外国驻华使馆、领馆人员及国际组织驻华代表机构人员的住址，是外交部核发的有效身份证件记载的地址。

3.4.3 境外机动车驾驶证

境外机动车驾驶证是指外国，中国香港、澳门特别行政区和中国台湾地区核发的具有单独驾驶资格的正式机动车驾驶证，不包括学习驾驶证、临时驾驶证、实习驾驶证。

3.4.4　汽车类驾驶证

汽车类驾驶证是指大型客车、重型牵引挂车、城市公交车、中型客车、大型货车、小型汽车、小型自动挡汽车、低速载货汽车、三轮汽车、残疾人专用小型自动挡汽车、轻型牵引挂车、轮式专用机械车、无轨电车、有轨电车准驾车型驾驶证（摩托车类驾驶证是指普通三轮摩托车、普通二轮摩托车、轻便摩托车准驾车型驾驶证）。

★《机动车驾驶证申领和使用规定》中所称"一日""三日""五日"，是指工作日，不包括节假日。

《机动车驾驶证申领和使用规定》中所称"以上""以下"，包括本数。

第4章 •••

交通信号

4.1　交通信号灯

4.1.1　交通信号灯分类

❶ 机动车信号灯

❷ 非机动车信号灯

❸ 人行横道信号灯

❹ 车道信号灯、方向指示信号灯

❺ 闪光警告信号灯

❻ 道路与铁路平面交叉道口信号灯

4.1.2 信号灯通行规定

红灯亮时，禁止通行，车辆应当停在停止线以外，右转弯的车辆在不妨碍被放行的车辆、行人通行的情况下，可以通行。绿灯亮时，准许车辆通行，但转弯的车辆不得妨碍被放行的直行车辆、行人通行。黄灯亮时，已越过停止线的车辆可以继续通行。黄灯持续闪烁时，提示车辆驾驶人、行人通行时注意瞭望，在确保安全的原则下通过。

4.1.3 方向指示信号灯

方向指示信号灯的箭头方向向左、向上、向右分别表示左转、直行、右转。绿色箭头灯亮时，准许本车道车辆按箭头指示方向通行，红色箭头灯亮时，箭头指示方向的车道禁止车辆通行。

4.1.4 道路与铁路平面交叉道口信号灯

道路与铁路平面交叉道口有两个红灯交替闪烁或者一个红灯亮时，禁止车辆、行人通行；红灯熄灭，允许车辆、行人通行。

4.2 交通标志

交通标志按功能可分为七类：指示标志、警告标志、禁令标志、指路标志、旅游区标志、告示标志、辅助标志。

指示车辆、行人行进的标志。

❶ 直行
表示一切车辆只准直行

❷ 向左转弯
表示一切车辆只准向左转弯

❸ 向右转弯
表示一切车辆只准向右转弯

❹ 直行和向左转弯
表示一切车辆只准直行和向左转弯

❺ 直行和向右转弯
表示一切车辆只准直行和向右转弯

❻ 向左和向右转弯
表示一切车辆只准向左和向右转弯

❼ 靠右侧道路行驶
表示一切车辆只准靠右侧道路行驶

❽ 靠左侧道路行驶
表示一切车辆只准靠左侧道路行驶

❾ 允许掉头
表示该处允许机动车掉头

❿ 立体交叉直行和左转弯行驶
表示一切车辆在立体交叉处可以直行和按图示路线左转弯行驶

⓫ 立体交叉直行和右转弯行驶
表示一切车辆在立体交叉处可以直行和按图示路线右转弯行驶

⓬ 环岛行驶
表示一切车辆只准靠右环行

⓭ 单行路（直行）
表示该道路为单向行驶，已进入车辆应依标志指示方向行车

⓮ 单行路（向左或向右）
表示该道路为单向行驶，已进入车辆应依标志指示方向行车

⓯ 步行
表示该段道路只供步行，任何车辆不准进入

⓰ 鸣喇叭
表示机动车行至该标志处应鸣喇叭，以提醒对向车辆驾驶人注意并减速慢行

⑰ 最低限速
表示机动车驶入前方道路的最低时速限制

⑱ 路口优先通行
表示交叉口主要道路上车辆享有优先通行权利

⑲ 会车先行
表示车辆在会车时享有优先通行权利

⑳ 人行横道
表示该处为人行横道

㉑ 人行横道
表示该处为人行横道

㉒ 右转车道
表示车道的行驶方向

㉓ 左转车道
表示车道的行驶方向

㉔ 直行车道
表示车道的行驶方向

㉕ 直行和右转合用车道
表示车道的行驶方向

㉖ 直行和左转合用车道
表示车道的行驶方向

㉗ 掉头车道
表示车道的行驶方向

㉘ 掉头和左转合用车道
表示车道的行驶方向

㉙ 公交线路专用车道
表示该车道专供本线路行驶的公交车辆行驶

㉚ 快速公交系统专用车道
表示该车道专供 BRT 车辆行驶

㉛ 有轨电车专用车道
表示该车道专供本线路行驶的有轨电车行驶

㉜ 机动车行驶
表示该道路只供机动车行驶

㉝ 机动车车道
表示该车道只供机动车行驶

㉞ 多乘员车辆专用车道
表示该车道只供多乘员的车辆行驶

㉟ 小客车车道
表示该车道只供小客车行驶

㊱ 小客车车道
表示该车道只供小客车行驶

❸❼ 非机动车行驶
表示该道路只供非机动车行驶

❸❽ 非机动车车道
表示该车道只供非机动车行驶

❸❾ 电动自行车行驶
表示该车道只供电动自行车行驶

❹⓪ 电动自行车车道
表示该车道只供电动自行车行驶

❹❶ 非机动车与行人通行
表示该道路仅供非机动车与行人通行，机动车不准进入

❹❷ 非机动车与行人通行
表示该道路仅供非机动车与行人通行，机动车不准进入

❹❸ 非机动车与行人通行
表示该道路仅供非机动车与行人通行，机动车不准进入

❹❹ 非机动车推行
表示该道路仅供非机动车推行，不准骑行

❹❺ 停车位
表示机动车允许停放的区域

❹❻ 停车位
表示机动车允许停放的区域

❹❼ 靠右侧车道行驶
表示车辆除必要的超车行为外，应靠右侧车道行驶

❹❽ 货车靠右行驶
表示货车除必要的超车行为外，应靠右侧车道行驶

❹❾ 货车通行
表示货车应在该道路上行驶，其他车辆也可以在该道路上行驶

4.2.2　警告标志

警告车辆和行人注意危险地点的标志。

❶ 交叉路口

用以警告车辆驾驶人前方有交叉路口，注意横向来车

❷ 交叉路口

用以警告车辆驾驶人前方有交叉路口，注意横向来车

❸ 交叉路口

用以警告车辆驾驶人前方有交叉路口，注意横向来车

❹ 交叉路口

用以警告车辆驾驶人前方有交叉路口，注意横向来车

❺ 交叉路口

用以警告车辆驾驶人前方有交叉路口，注意横向来车

❻ 交叉路口

用以警告车辆驾驶人前方有交叉路口，注意横向来车

❼ 交叉路口

用以警告车辆驾驶人前方有交叉路口，注意横向来车

❽ 交叉路口

用以警告车辆驾驶人前方有交叉路口，注意横向来车

❾ 交叉路口

用以警告车辆驾驶人前方有交叉路口，注意横向来车

❿ 交叉路口

用以警告车辆驾驶人前方有交叉路口，注意横向来车

⓫ 交叉路口

用以警告车辆驾驶人前方有交叉路口，注意横向来车

⓬ 向右急转弯

用以警告车辆驾驶人前方是向右急弯路

⓭ 向左急转弯

用以警告车辆驾驶人前方是向左急弯路

⓮ 反向弯路

用以警告车辆驾驶人前方有反向弯路

⓯ 反向弯路

用以警告车辆驾驶人前方有反向弯路

⓰ 连续弯路

用以警告车辆驾驶人前方有连续弯路

⓱ 上坡路

用以提醒车辆驾驶人前方上陡坡

⓲ 下坡路

用以提醒车辆驾驶人前方下陡坡

⓳ 连续下坡

用以提醒车辆驾驶人前方为连续下坡

⓴ 两侧变窄

用以警告车辆驾驶人注意前方车行道或路面狭窄情况，遇有来车应予以减速避让

㉑ 右侧变窄

用以警告车辆驾驶人注意前方右侧车行道或路面狭窄情况，遇有来车应予以减速避让

㉒ 左侧变窄

用以警告车辆驾驶人注意前方左侧车行道或路面狭窄情况，遇有来车应予以减速避让

㉓ 窄桥

用以警告车辆驾驶人注意前方桥面宽度变窄

㉔ 双向交通

用以提醒车辆驾驶人注意会车

㉕ 注意行人（橙色或绿色）

用以警告车辆驾驶人减速慢行，注意行人

㉖ 注意儿童（橙色或绿色）

用以警告车辆驾驶人减速慢行，注意儿童

㉗ 注意残疾人（橙色或绿色）

用以警告车辆驾驶人减速慢行，注意残疾人

㉘ 注意非机动车

用以提醒车辆驾驶人谨慎驾驶，注意非机动车

㉙ 注意电动自行车

用以提醒车辆驾驶人谨慎驾驶，注意电动自行车

㉚ 注意牲畜

用以提醒车辆驾驶人谨慎驾驶，注意牲畜

㉛ 注意野生动物

用以提醒车辆驾驶人谨慎驾驶，注意野生动物

㉜ 注意信号灯

用以警告车辆驾驶人注意前方路段有信号灯，应依信号灯指示行车

㉝ 村庄

用以提醒车辆驾驶人小心驾驶，注意前方为村庄

㉞ 注意左侧落石

用以提醒车辆驾驶人谨慎驾驶，注意左侧落石

㉟ 注意右侧落石

用以提醒车辆驾驶人谨慎驾驶，注意右侧落石

㊱ 注意横风

用以提醒车辆驾驶人谨慎驾驶，注意横风

㊲ 易滑

用以提醒车辆驾驶人减速慢行，注意路滑

㊳ 左侧傍山险路

用以提醒车辆驾驶人谨慎驾驶，注意路右侧危险

㊴ 右侧傍山险路

用以提醒车辆驾驶人谨慎驾驶，注意路左侧危险

㊵ 右侧堤坝路

用以提醒车辆驾驶人谨慎驾驶，注意路左侧危险

㊶ 左侧堤坝路

用以提醒车辆驾驶人谨慎驾驶，注意路右侧危险

㊷ 隧道

用以提醒车辆驾驶人谨慎驾驶，注意前方为隧道

㊸ 驼峰桥

用以提醒车辆驾驶人谨慎驾驶，注意驼峰桥

㊹ 路面不平

用以提醒车辆驾驶人减速慢行，注意路面颠簸

㊺ 减速丘

用以提醒车辆驾驶人减速，注意前方路段设有减速丘

㊻ 过水路面（或漫水桥）

用以提醒车辆驾驶人谨慎驾驶，注意前方为过水路面或漫水桥

㊼ 有人看守铁道路口

用以警告车辆驾驶人注意前方有铁道路口，应慢行或及时停车

㊽ 无人看守铁道路口

用以警告车辆驾驶人注意前方有铁道路口，应减速慢行或及时停车

㊾ 事故易发路段

用以警告前方道路为事故易发路段，车辆驾驶人应谨慎驾驶

㊿ 右侧绕行

用以提醒前方道路有障碍物，车辆驾驶人应右侧绕行，谨慎驾驶

51 左侧绕行

用以提醒前方道路有障碍物，车辆驾驶人应左侧绕行，谨慎驾驶

52 左右绕行

用以提醒前方道路有障碍物，车辆驾驶人应左右绕行，谨慎驾驶

53 注意危险

用以提醒车辆驾驶人谨慎驾驶，注意危险

54 施工

用以警告前方道路施工，车辆驾驶人应减速慢行或绕道行驶

55 交通事故管理

用以警告前方路段正在进行道路交通事故管理，车辆驾驶人应减速慢行、停车等候或绕道行驶

56 建议减速

用以提醒车辆驾驶人以建议的速度行驶（设在弯道、出口、匝道的适当位置）

57 注意潮汐车道

用以警告车辆驾驶人注意前方为潮汐车道

58 注意保持车距

用以警告车辆驾驶人注意和前车保持安全距离

59 避险车道

用以提醒货车驾驶人注意前方道路设有避险车道

60 避险车道

用以提醒货车驾驶人注意前方道路设有避险车道

㊽ 注意左侧合流

用以警告车辆驾驶人注意前方左侧有车辆汇合

㊾ 注意右侧合流

用以警告车辆驾驶人注意前方右侧有车辆汇合

㊿ 注意车道数变少

用以提醒车辆驾驶人注意前方车道数量变少

64 注意前方车辆排队

用以提醒车辆驾驶人注意前方车辆排队

65 注意不利气象条件

用以警告车辆驾驶人注意不利气象条件

66 注意路面结冰

用以警告车辆驾驶人注意路面结冰

67 注意雾天

用以警告车辆驾驶人注意雾天

68 注意雨（雪）天

用以警告车辆驾驶人注意雨（雪）天

69 线形诱导

用以引导行车方向，提醒驾驶人谨慎驾驶，注意前方线形变化

70 注意积水

用以提醒车辆驾驶人注意前方路段积水

4.2.3　禁令标志

禁止或限制车辆、行人交通行为的标志。

① 停车让行

表示车辆驾驶人应在停止线前停车瞭望，确认安全后，方可通行

② 减速让行

表示车辆应减速让行，告示车辆驾驶人应慢行或停车，观察干道行车情况，在确保干道车辆优先以及确保安全的前提下，方可进入路口

③ 会车让行

表示车辆会车时，应停车让对方车先行

④ 禁止通行

表示禁止一切车辆和行人通行

❺ 禁止驶入
表示禁止一切车辆驶入

❻ 禁止机动车驶入
表示禁止各类机动车驶入

❼ 禁止载货汽车驶入

❽ 禁止电动三轮车驶入

❾ 禁止大型客车驶入

❿ 禁止小型客车驶入

⓫ 禁止挂车、半挂车驶入

⓬ 禁止拖拉机驶入

⓭ 禁止三轮汽车、低速货车驶入

⓮ 禁止摩托车驶入

⓯ 禁止标志上所示的两种车辆驶入

⓰ 禁止各类非机动车进入

⓱ 禁止电动自行车进入

⓲ 禁止畜力车进入

⓳ 禁止人力货运三轮车进入

⓴ 禁止人力客运三轮车进入

㉑ 禁止人力车进入

㉒ 禁止行人进入

㉓ 禁止向右转弯
表示前方路口禁止一切车辆向右转弯

㉔ 禁止向左转弯
表示前方路口禁止一切车辆向左转弯

㉕ 禁止小客车向右转弯
表示前方路口禁止小客车向右转弯

㉖ 禁止载货汽车左转弯
表示前方路口禁止载货汽车向左转弯

㉗ 禁止直行
表示前方路口禁止一切车辆直行

㉘ 禁止向左向右转弯
表示前方路口禁止一切车辆向左向右转弯

㉙ 禁止直行和向右转弯
表示前方路口禁止一切车辆直行和向右转弯

㉚ 禁止直行和向左转弯
表示前方路口禁止一切车辆直行和向左转弯

㉛ 禁止掉头
表示禁止机动车掉头

㉜ 禁止超车
表示该标志至前方解除禁止超车标志的路段内，不允许机动车超车

㉝ 解除禁止超车
表示禁止超车路段结束

㉞ 禁止停车
表示在限定的范围内，禁止一切车辆停放，无论驾驶人是否离开车辆

㉟ 禁止长时停车
表示在限定的范围内，禁止一切车辆长时停放，临时停车不受限制

㊱ 禁止鸣喇叭
表示禁止车辆鸣喇叭

㊲ 限制宽度
表示禁止装载宽度超过标志所示数值的车辆通行

㊳ 限制高度
表示禁止装载高度超过标志所示数值的车辆通行

㊴ 限制质量
表示禁止总质量超过标志所示数值的车辆通行

㊵ 限制轴重
表示禁止轴重超过标志所示数值的车辆通行

㊶ 限制速度
表示该标志至前方解除限制速度标志或另一块不同限速值的限制速度标志的路段内，机动车行驶速度［单位为千米每小时（km/h）］不准超过标志所示数值

㊷ 解除限制速度
表示限制速度路段结束

㊸ 停车检查
表示机动车应停车接受检查

㊹ 禁止运输危险物品车辆驶入

㊺ 区域禁止长时停车

㊻ 区域禁止长时停车解除

㊼ 区域禁止停车

㊽ 区域禁止停车解除

㊾ 区域限制速度

㊿ 区域限制速度解除

4.2.4 指路标志

传递道路方向、地点、距离的标志。

4.2.4.1 一般道路指示标志

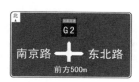

❶ 四车道及以上公路交叉路口预告

❷ 四车道及以上公路交叉路口预告

❸ 大交通量的四车道以上公路交叉路口预告

❹ 箭头杆上标识公路编号、道路名称的公路交叉路口预告

❺ 十字交叉路口

❻ 十字交叉路口

❼ 丁字交叉路口

❽ 丁字交叉路口

❾ 丁字交叉路口

❿ Y 形交叉路口

⑪ 环形交叉路口

⑫ 互通式立体交叉

⑬ 互通式立体交叉

⑭ 分岔处

G105

⑮ 国道编号

S203

⑯ 省道编号

X008

⑰ 县道编号

Y002

⑱ 乡道编号

新街口外大街

⑲ 街道名称

师大北路

⑳ 街道名称

西土城路

㉑ 路名牌

斋堂镇

㉒ 地名标志

昆仑山口
海拔 2247 m

㉓ 著名地点标志

北京界

㉔ 行政区划分界

顺义道班

㉕ 道路管理分界

㉖ 急救站识别

㉗ 飞机场识别

㉘ 某一方向上有多个
重要场所的地点识别

㉙ 停车场（区）
标志

㉚ 停车场（区）标志

㉛ 错车道

㉜ 人行天桥

㉝ 人行地下通道

㉞ 应急避难设施（场所）

㉟ 无障碍设施

㊱ 观景台

㊲ 休息区

㊳ 超限超载检测站

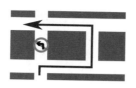

㊴ 绕行标志

㊵ 绕行标志

㊶ 交通监控设备

㊷ 隧道出口距离预告

㊸ 隧道出口距离预告

㊹ 此路不通

㊺ 里程牌

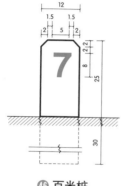

㊻ 百米桩

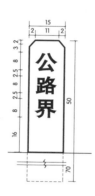

㊼ 公路界碑

4.2.4.2 高速公路、城市快速路指路标志

❶ 入口预告

❷ 入口预告

❸ 无统一编号高速公路
或城市快速路入口预告

❹ 两条高速公路
共线时入口预告

❺ 带编号标识的
地点、方向

❻ 带编号标识的
地点、方向

❼ 高速公路编号

❽ 高速公路编号

⑨ 命名编号

⑩ 路名

⑪ 地点距离

⑫ 城市区域多个出口时的地点距离

⑬ 下一出口预告

⑭ 出口编号

⑮ 出口预告

⑯ 300米、200米、100米出口预告

⑰ 无统一编号的高速公路或城市快速路起点

⑱ 高速公路终点预告

⑲ 国家高速公路、省级高速公路终点

⑳ 道路交通信息

㉑ 里程牌

㉒ 百米牌

㉓ 特殊天气建议速度

㉔ 停车领卡

㉕ 车距确认

㉖ 车距确认

㉗ 车距确认

㉘ 车距确认

㉙ 车距确认

㉚ 紧急电话

㉛ 电话位置指示

㉜ 电话位置指示

㉝ 救援电话

㉞ 救援电话

㉟ 不设电子不停车收费（ETC）车道的收费站预告及收费站

㊱ 不设电子不停车收费（ETC）车道的收费站预告及收费站

㊲ 设有电子不停车收费（ETC）车道的收费站预告及收费站

㊳ 设有电子不停车收费（ETC）车道的收费站预告及收费站

㊴ 爬坡车道

㊵ 爬坡车道

㊶ 计重收费

㊷ 加油站

㊸ 紧急停车带

㊹ 服务区预告

㊺ 服务区预告

㊻ 服务区预告

㊼ 停车区预告

㊽ 停车场预告

㊾ 停车场

㊿ 停车场

(51) ETC 车道指示

(52) ETC 车道指示

(53) 设置在指路标志版面外的方向

(54) 电子不停车收费（ETC）车道

(55) 人工收费车道

(56) 绿色通道

4.2.5 旅游区标志

提供旅游景点方向、距离的标志。

① 旅游区距离

② 旅游区方向

③ 信息服务

徒步

④ 徒步

⑤ 索道

⑥ 野营地

⑦ 营火

⑧ 游戏场

⑨ 骑马

⑩ 钓鱼

⑪ 高尔夫球

⑫ 潜水

⑬ 游泳

⑭ 划船

⑮ 冬季游览区

⑯ 滑雪

⑰ 滑冰

4.2.6 告示标志

告知道路施工区通行或告示有关道路交通安全法规的标志。

① 施工路栏

② 施工路栏

③ 锥形交通标

④ 道口标柱

⑤ 前方施工

⑥ 道路封闭

⑦ 右道封闭

⑧ 左道封闭

⑨ 中间封闭

⑩ 车辆慢行

⑪ 向右改道

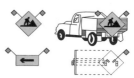

⑫ 移动性施工

⑬ 严禁乱扔弃物

⑭ 急弯减速慢行

⑮ 急弯下坡减速慢行

⑯ 系安全带

⑰ 大型车靠右

⑱ 驾驶时禁用手机

⑲ 校车停靠站点

⑳ 前方车道控制

4.2.7 辅助标志

附设于主标志下起辅助说明使用的标志。

7:30-10:00
16:00-18:30

① 时间范围

除公共汽车外

② 除公共汽车外

货车拖拉机

③ 货车、拖拉机

④ 机动车

⑤ 货车

私人专属

⑥ 私人专属

⑦ 行驶方向

⑧ 行驶方向

⑨ 行驶方向　　　　　⑩ 行驶方向　　　　　⑪ 行驶方向　　　　　⑫ 向前 200 米

⑬ 向左 100 米　　　⑭ 向左、向右各 50 米　　　⑮ 某区域内　　　　⑯ 距离某地 200 米

⑰ 学校　　　　　　　⑱ 海关　　　　　　　⑲ 事故　　　　　　　⑳ 塌方

㉑ 教练车行驶路线　　　　　㉒ 驾驶考试路线　　　　　㉓ 组合辅助

4.3　交通标线

交通标线按功能可分为三类：指示标线、警告标线和禁止标线等。

4.3.1　指示标线

指示标线包括可跨越对向车行道分界线、可跨越同向车行道分界线、潮汐车道线、车行道边缘线、左弯待转区线、路口导向线、导向车道线、人行横道线、车距确认标线、道路出入口标线、停车位标线、停靠站标线、减速丘标线、导向箭头、路面文字标记、路面图形标记16种。

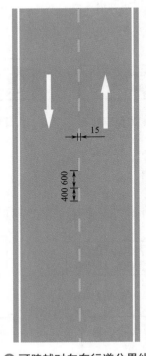

❶ 可跨越对向车行道分界线
（图中未注尺寸单位均为厘米，下同）

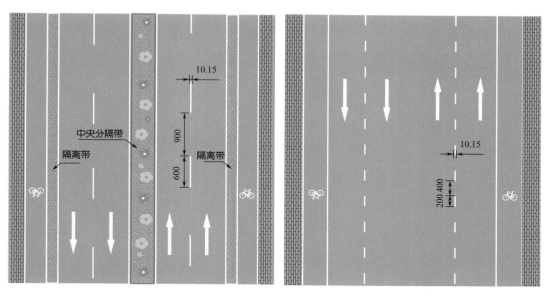

中央分隔带
隔离带
10,15
900
600
隔离带

10,15
200 400

❷ 可跨越同向车行道分界线

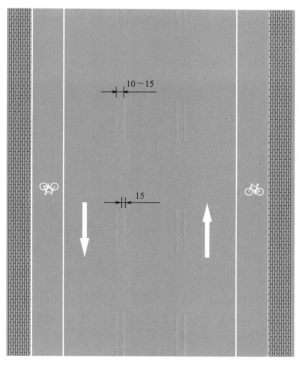

10～15

15

❸ 潮汐车道线

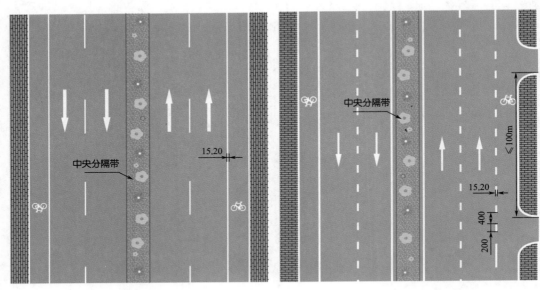

车行道边缘白色实线　　　　　　　　车行道边缘白色虚线

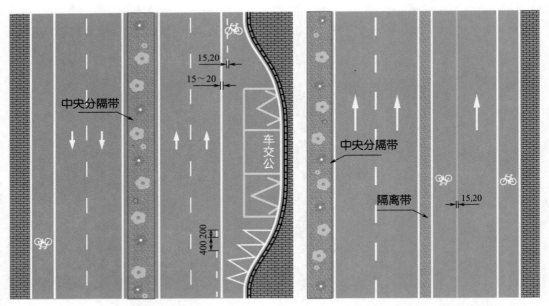

车行道边缘白色虚实线　　　　　　　黄色单实线车行道边缘线

❹ 车行道边缘线

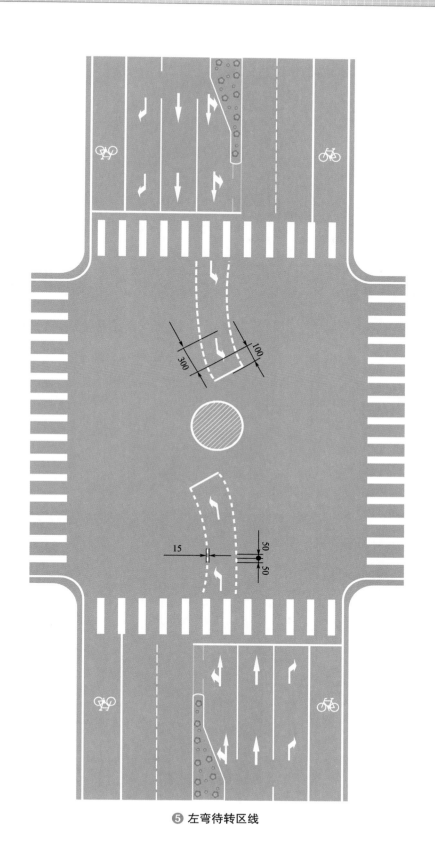

⑤ 左弯待转区线

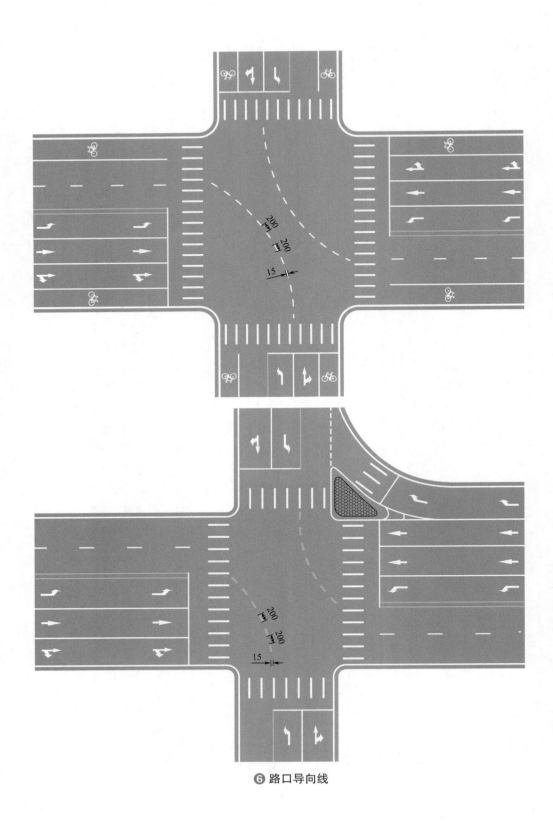

⑥ 路口导向线

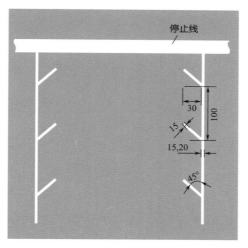

❼ 导向车道线

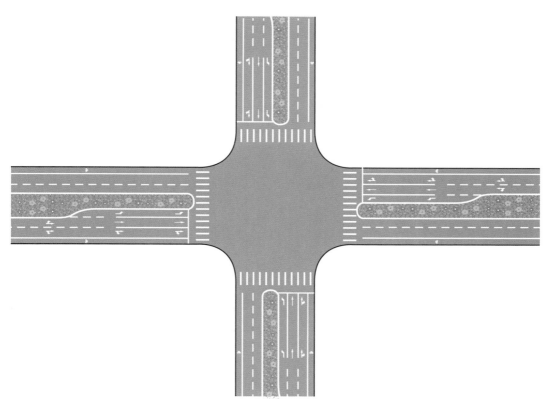

与道路中心线垂直的人行横道线

❽

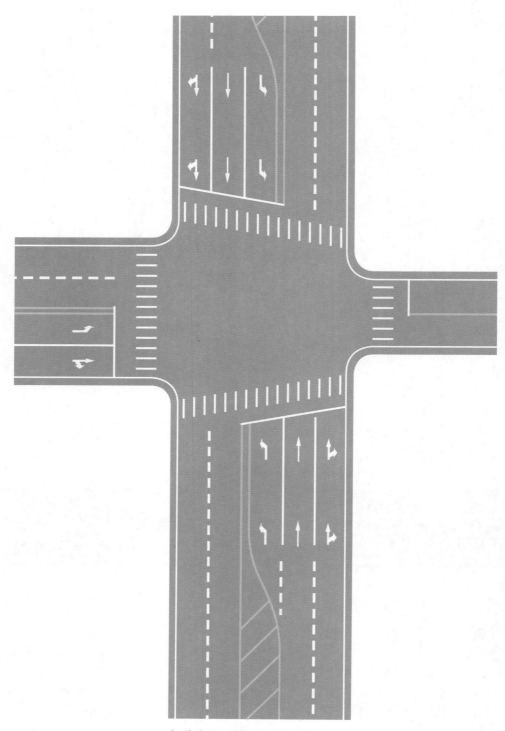

与道路中心线斜交的人行横道线

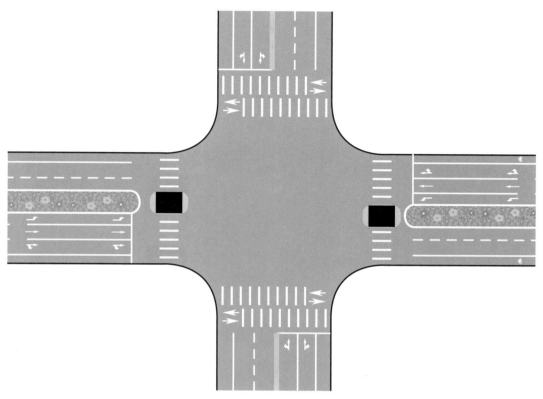

行人左右分道的人行横道线

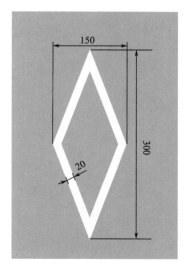

人行横道预告标识线

❽ 人行横道线

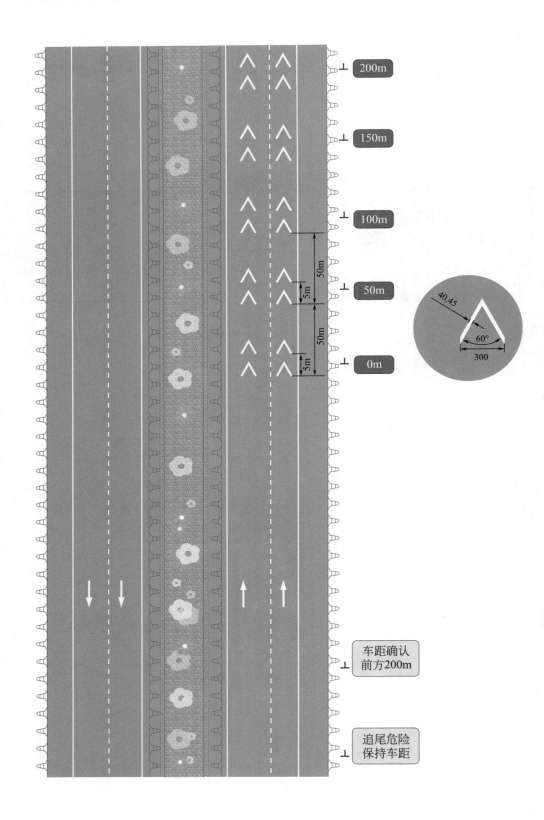

200m

150m

100m

50m

50m

5m

50m

5m

0m

车距确认
前方200m

追尾危险
保持车距

40,45

60°

300

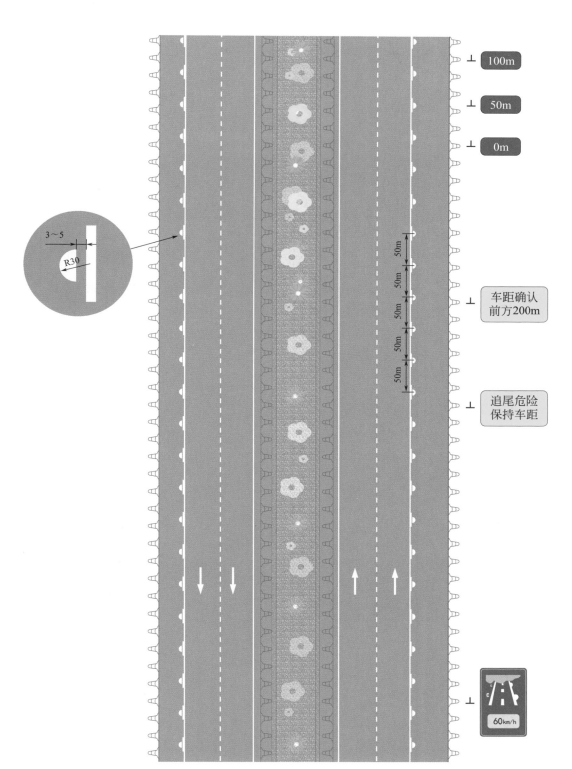

白色折线车距确认线

❾ 车距确认线

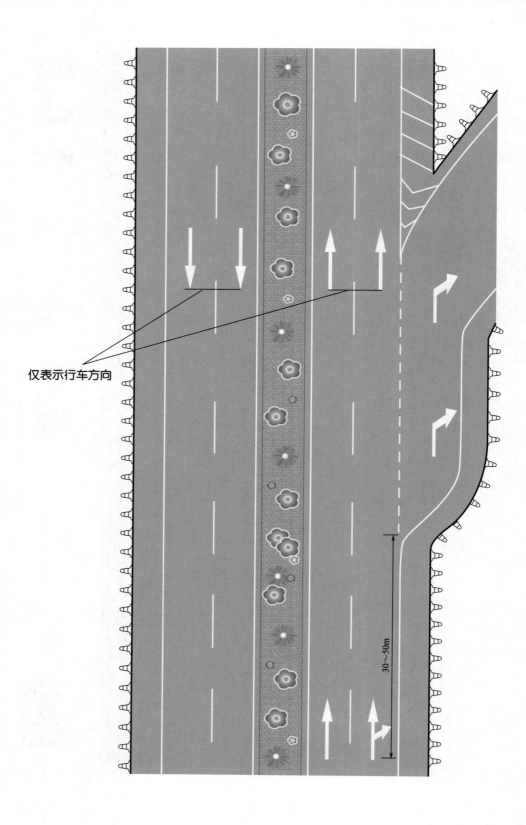

仅表示行车方向

30～50m

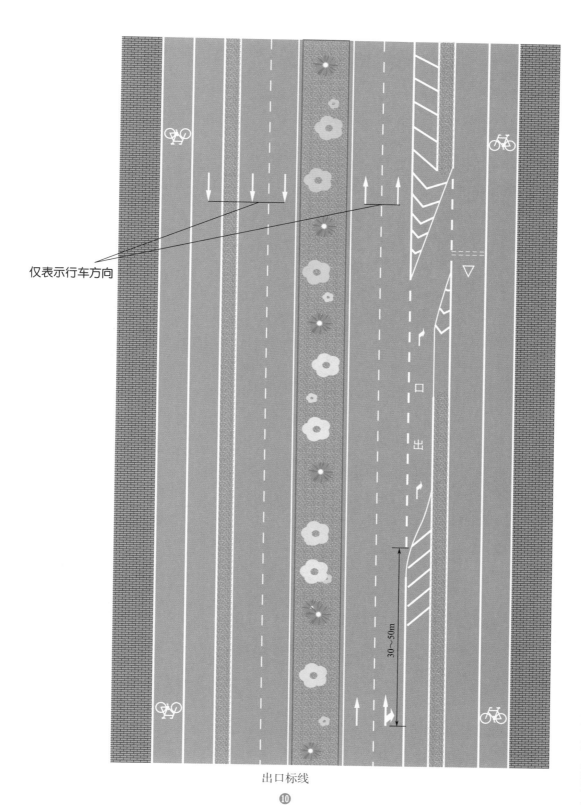

仅表示行车方向

30~50m

出口标线

❿

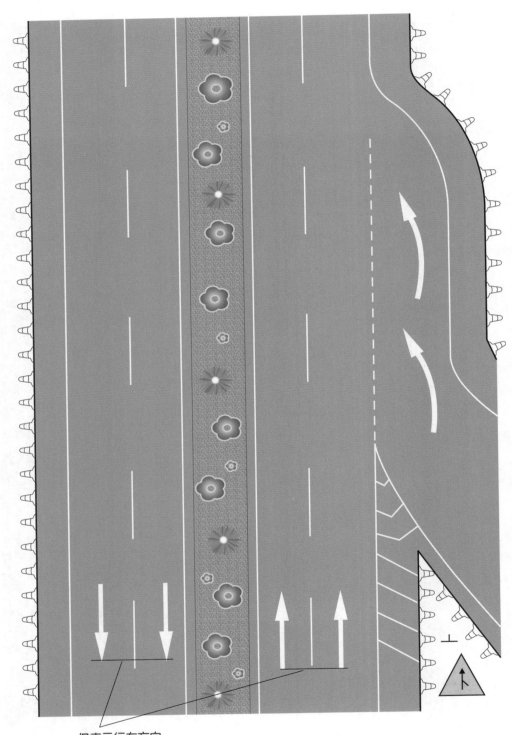

仅表示行车方向

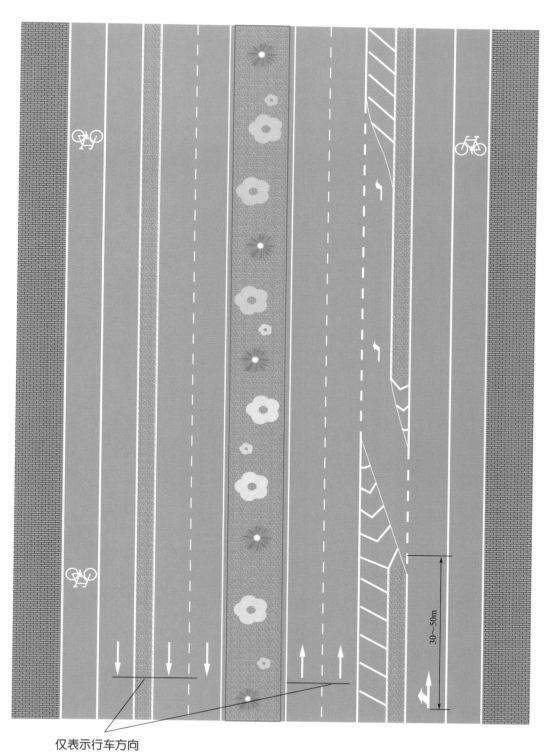

30～50m

仅表示行车方向

入口标线

⑩ 道路出入口标线

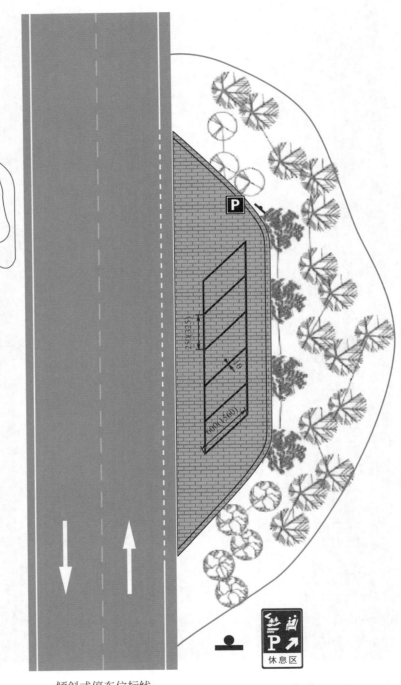

倾斜式停车位标线

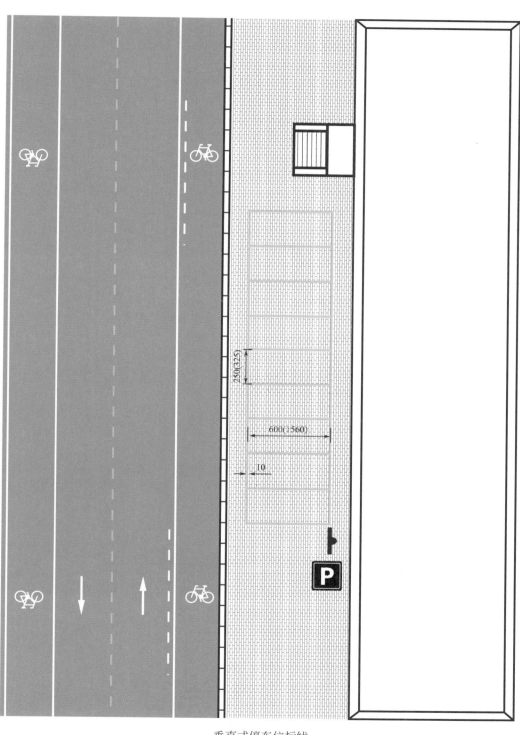

垂直式停车位标线

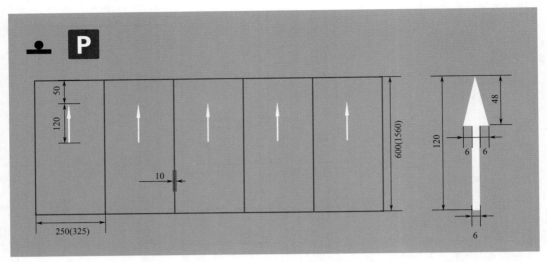

固定停车方向停车位标线

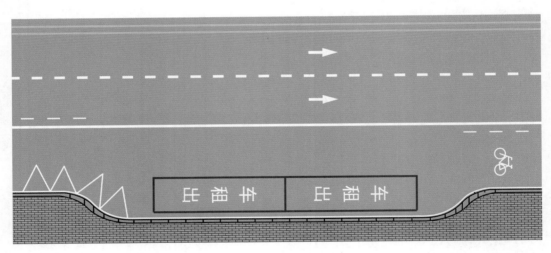

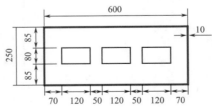

出租车专用待客停车位标线

画说道路交通安全法规（第二版）

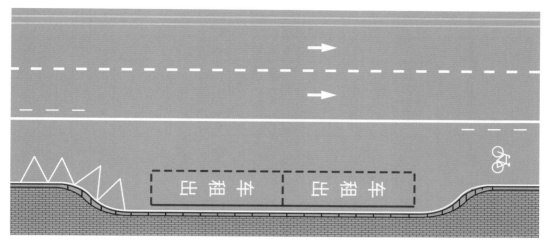

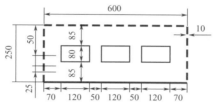

出租车专用上下客停车位标线

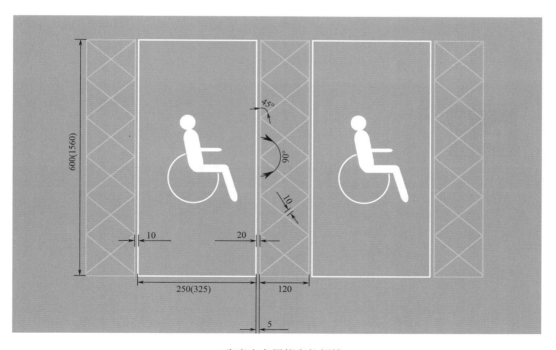

残疾人专用停车位标线

⑪

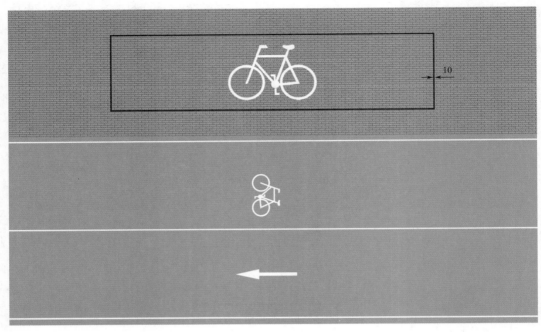

非机动车停车位标线

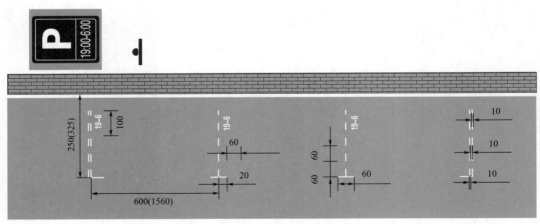

平行式机动车限时停车位标线

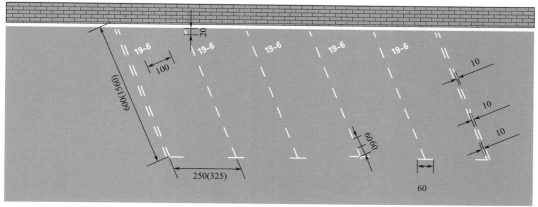

倾斜式机动车限时停车位标线

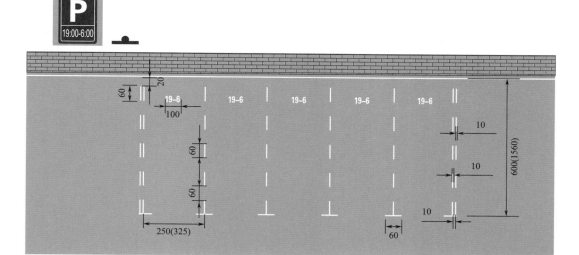

垂直式机动车限时停车位标线

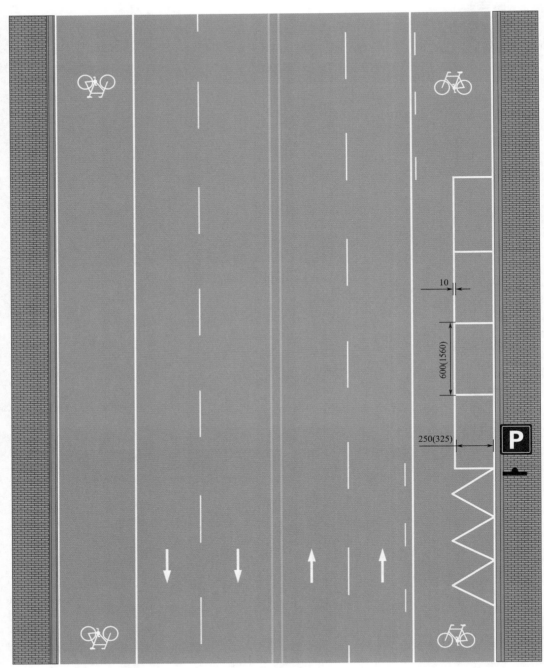

平行式停车位标线

⑪ 停车位标线

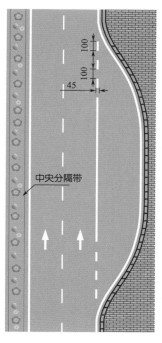
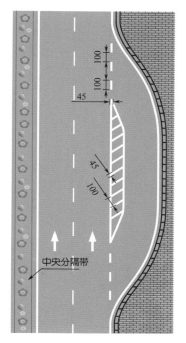

港湾式停靠站标线

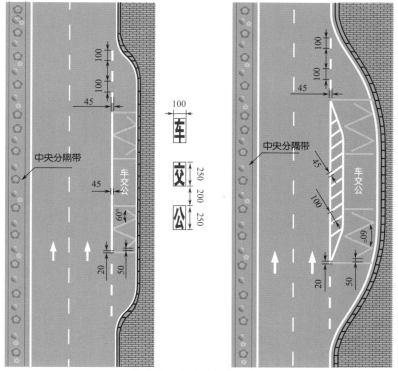

车种专用港湾式停靠站标线

⑫ 停靠站标线

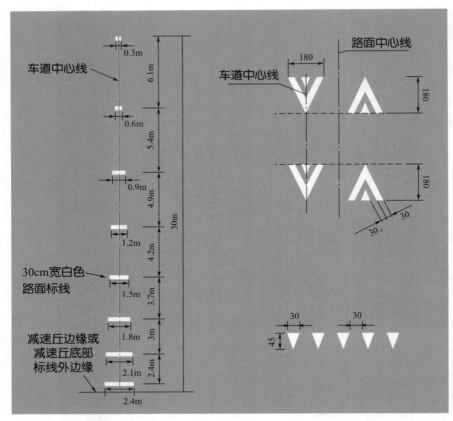

⑬ 减速丘标线

指示直行

指示前方可
直行或左转

指示前方左转

指示前方右转

指示前方可
直行或右转

指示前方掉头

指示前方可
直行或掉头

指示前方可
左转或掉头

指示前方仅可
左右转弯

提示前方有左弯
或需向左合流

提示前方有右弯
或需向右合流

⑭ 导向箭头

画说道路交通安全法规（第二版）

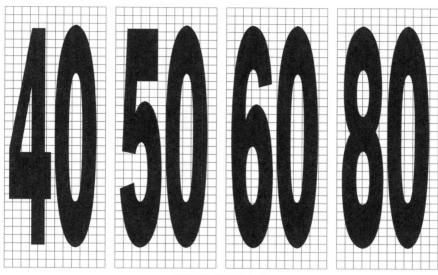

路面限速标记字符

路面限速标记字符

⑮ 路面文字标记

非机动车道路面标记

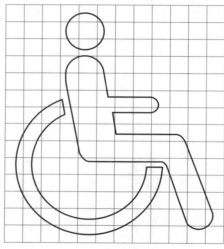

残疾人专用停车位路面标记

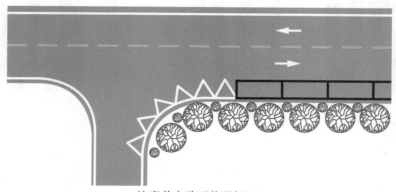

注意前方路面状况标记

⓰ 路面图形标记

4.3.2 警告标线

　　警告标线包括路面（车行道）宽度渐变段标线、接近障碍物标线、铁路平交道口标线、减速标线、立面标记5种。

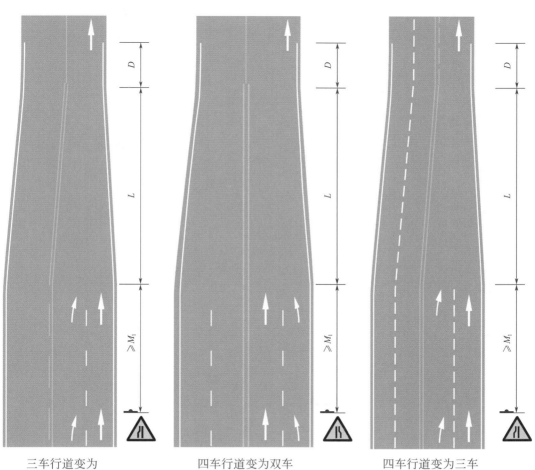

三车行道变为
双车行道渐变段标线

四车行道变为双车
行道渐变段标线

四车行道变为三车
行道渐变段标线

❶

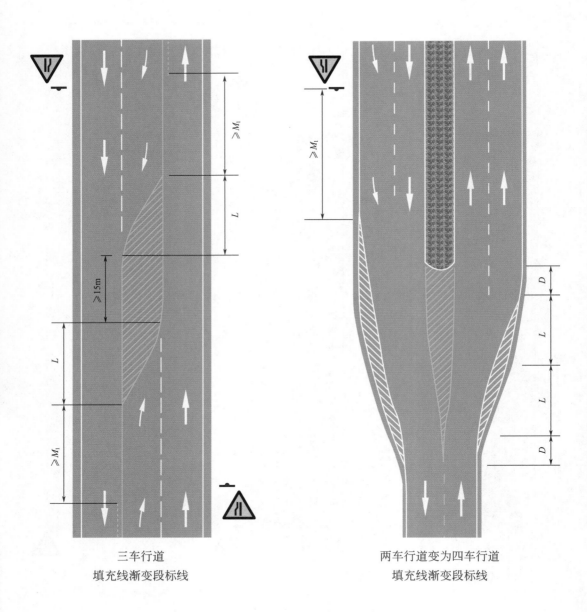

三车行道
填充线渐变段标线

两车行道变为四车行道
填充线渐变段标线

❶ 路面（车行道）宽度渐变段标线

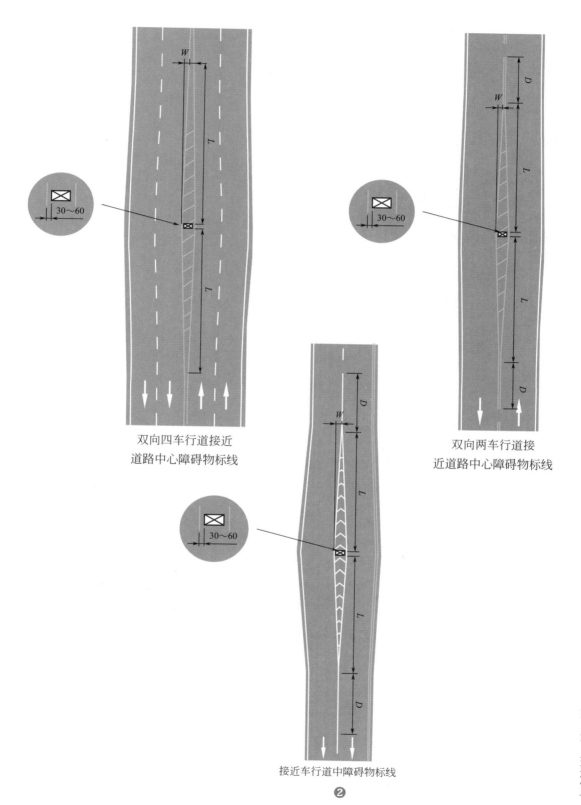

双向四车行道接近
道路中心障碍物标线

双向两车行道接
近道路中心障碍物标线

接近车行道中障碍物标线

❷

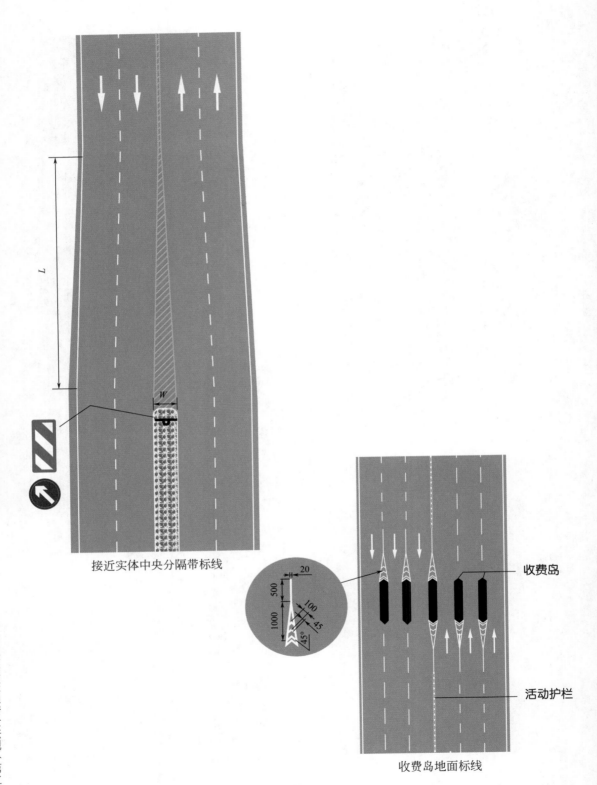

接近实体中央分隔带标线

收费岛

活动护栏

收费岛地面标线

❷ 接近障碍物标线

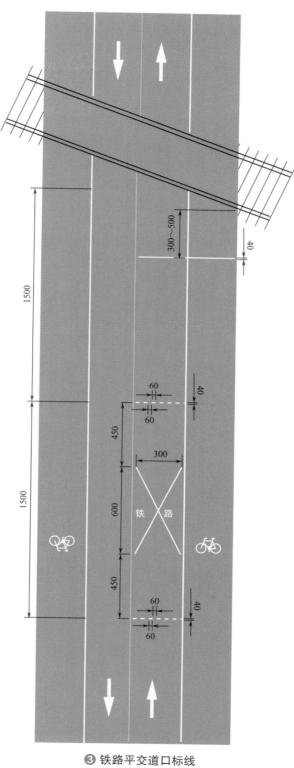

❸ 铁路平交道口标线

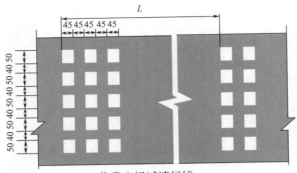

收费广场减速标线

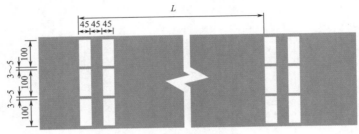

车行道横向减速标线

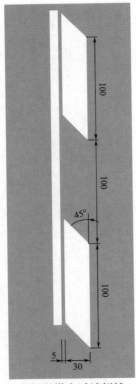

车行道纵向减速标线

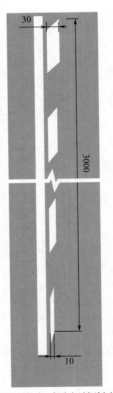

车行道纵向减速标线渐变段

❹ 减速标线

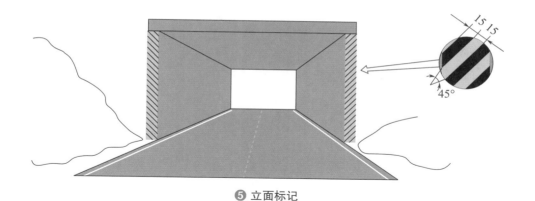

❺ 立面标记

4.3.3 禁止标线

　　禁止标线包括禁止跨越对向车行道分界线、禁止跨越同向车行道分界线、禁止停车线、停止线、让行线、非机动车禁驶区标线、导流线、中心圈、网状线、车种专用车道线、禁止掉头（转弯）标记11种。

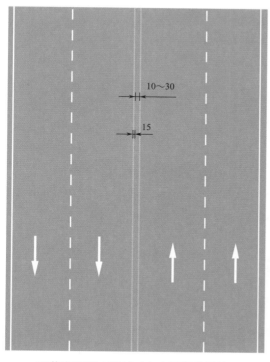

双黄实线禁止跨越对向车行道分界线

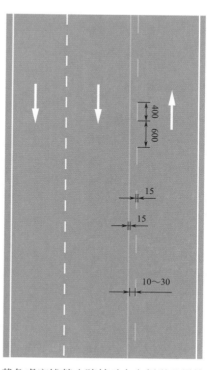

黄色虚实线禁止跨越对向车行道分界线

❶

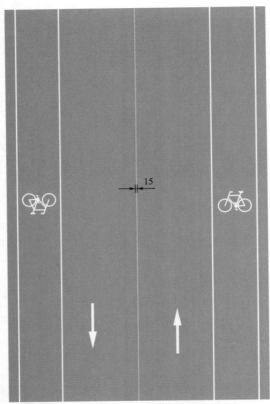

黄色单实线禁止跨越对向车行道分界线

❶ 禁止跨越对向车行道分界线

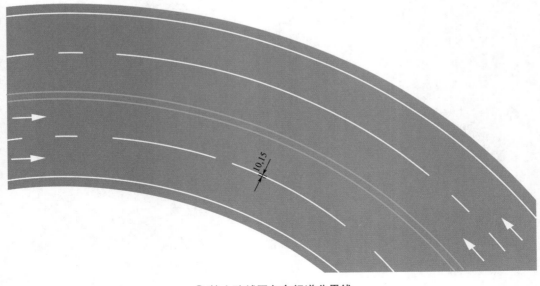

❷ 禁止跨越同向车行道分界线

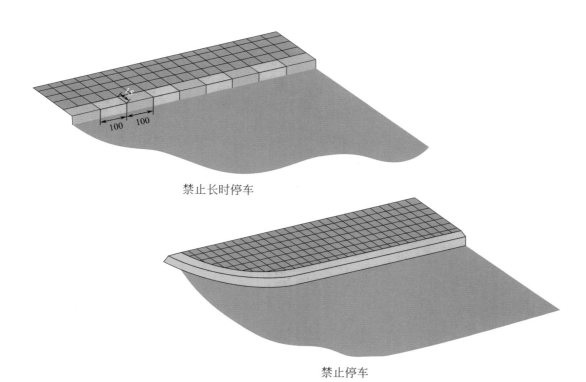

禁止长时停车

禁止停车

❸ 禁止停车线

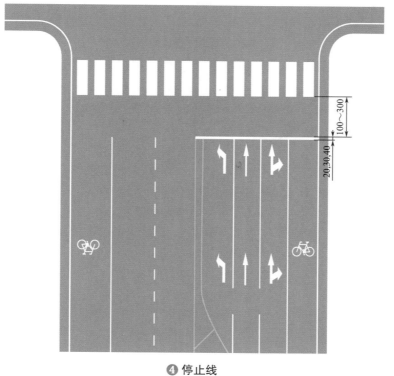

❹ 停止线

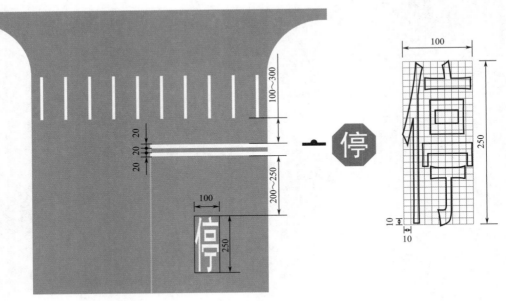

停车让行线

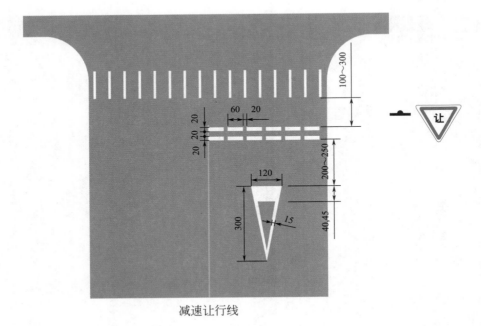

减速让行线

❺ 让行线

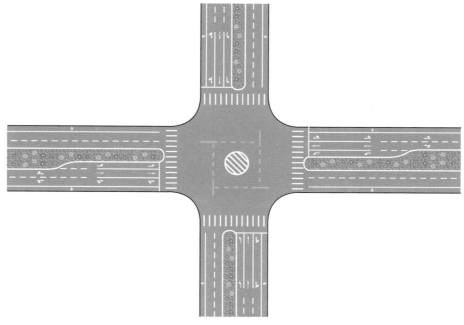

❻ 非机动车禁驶区标线

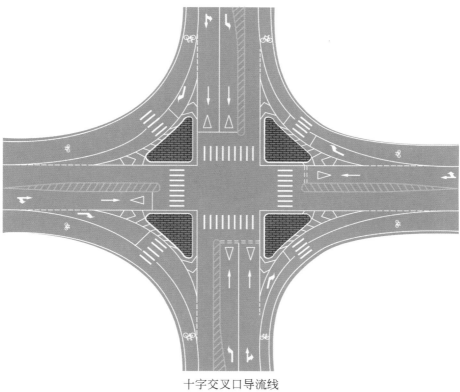

十字交叉口导流线

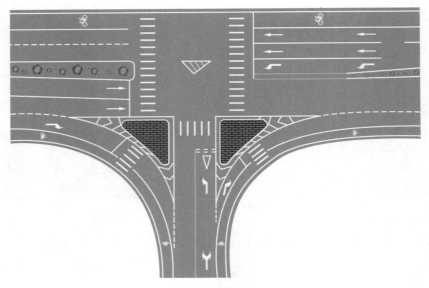

T形交叉口导流线

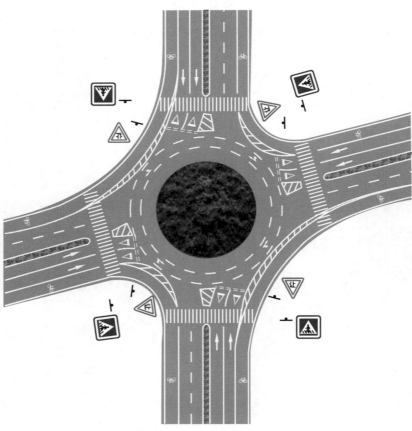

平面环形交叉口导流线

❼ 导流线

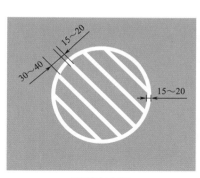
圆形中心圈

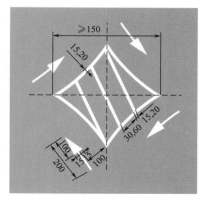
菱形中心圈

❽ 中心圈

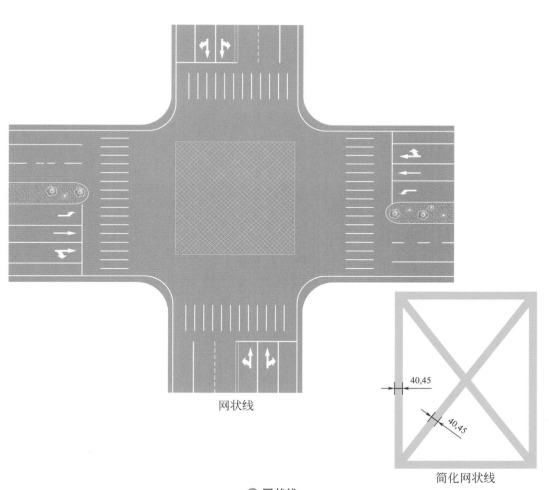
网状线

简化网状线

❾ 网状线

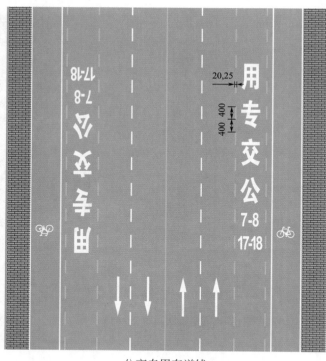

公交专用车道线

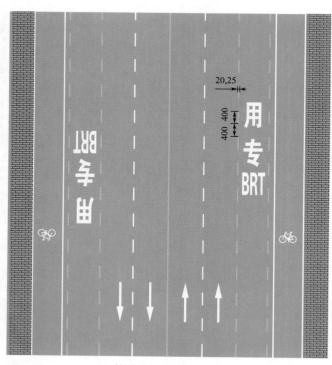

快速公交专用车道线

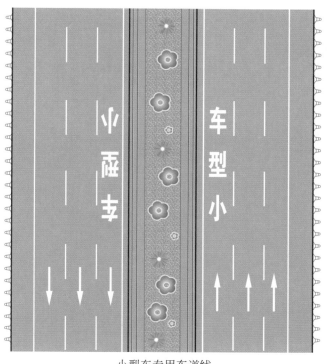

小型车专用车道线

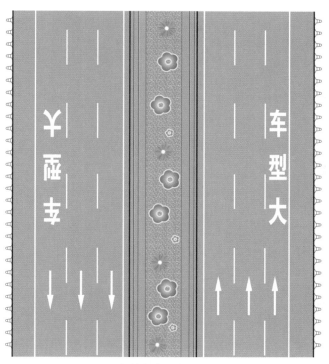

大型车专用车道线

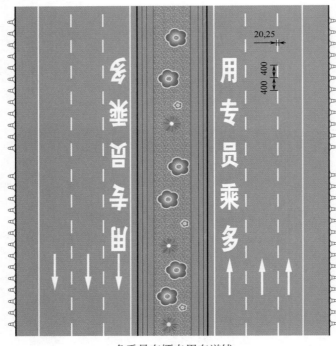

多乘员车辆专用车道线

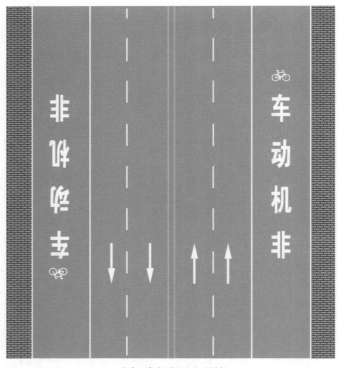

非机动车专用车道线

⑩ 车种专用车道线

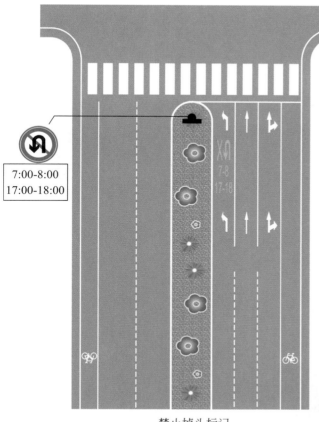

7:00-8:00
17:00-18:00

禁止掉头标记

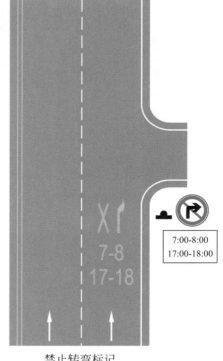

7:00-8:00
17:00-18:00

禁止转弯标记

⓫ 禁止掉头（转弯）标记

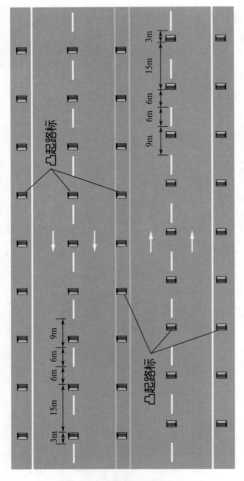

❶ 凸起路标与标线配合

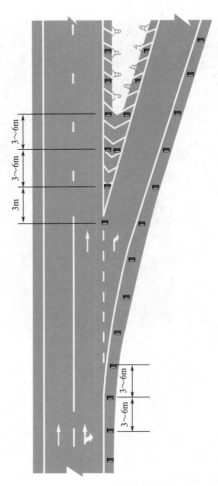

❷ 出口匝道凸起路标布设

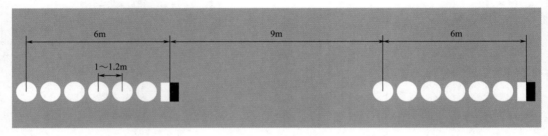

❸ 凸起路标组成的虚线标线

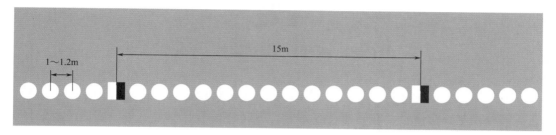

❹ 凸起路标组成的单实线

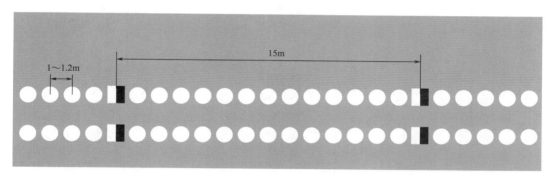

❺ 凸起路标组成的双实线

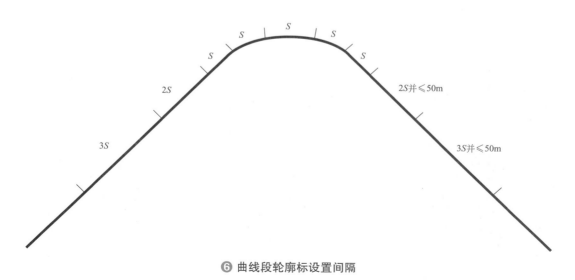

❻ 曲线段轮廓标设置间隔

4.4 交通警察指挥手势

  2007年10月1日起在全国正式施行的新交通警察指挥手势信号分为：停止信号、直行信号、左转弯信号、左转弯待转信号、右转弯信号、变道信号、减速慢行信号、示意车辆靠边停车信号。下图中各箭头代表手臂的运动方向。

  ① 停止信号：左臂向前上方直伸，掌心向前，不准前方车辆通行。

❶ 侧面   ❶ 正面   ❷ 还原

  ② 直行信号：左臂向左平伸，掌心向前；右臂向右平伸，掌心向前，向左摆动，准许右方直行的车辆通行。

❸   ❹   ❺

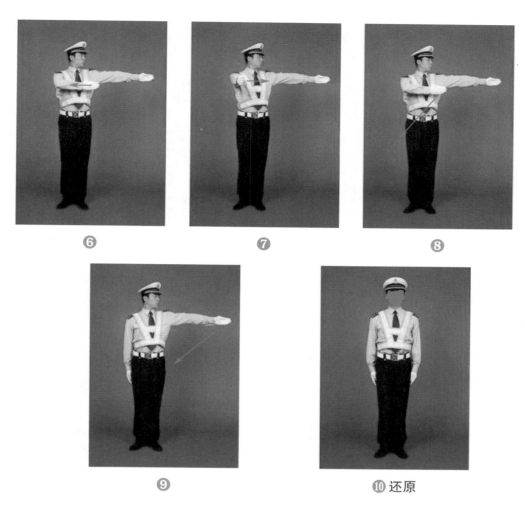

⑥　　　　　　⑦　　　　　　⑧

⑨　　　　　　⑩ 还原

③ 左转弯信号：右臂向前平伸，掌心向前；左臂与手掌平直向右前方摆动，掌心向右，准许车辆左转弯，在不妨碍被放行车辆通行的情况下可以掉头。

⑪ 正面

⑪ 侧面

⑫ 正面　　　　　⑫ 侧面

⑬　　　　　⑭ 还原

④ 左转弯待转信号：左臂向左下方平伸，掌心向下；左臂与手掌平直向下方摆动，准许左方左转弯的车辆进入路口，沿左转弯行驶方向靠近路口中心，等候左转弯信号。

⑮ 正面

⑮ 侧面

⑯ 正面　　　　　　　⑯ 侧面　　　　　　　⑰ 还原

⑤ 右转弯信号：左臂向前平伸，掌心向前；右臂与手掌平直向左前方摆动，手掌向左，准许右方的车辆右转弯。

⑱ 正面　　　　　　　　　⑱ 侧面

⑲ 正面　　　　　　　　　⑲ 侧面

⑳ 正面　　　　　　　　⑳ 侧面　　　　　　　　㉑ 还原

⑥ 变道信号：右臂向前平伸，掌心向左；右臂向左水平摆动，车辆应当腾空指定的车道，减速慢行。

㉒ 正面　　　　　　　　　　　㉒ 侧面

㉓　　　　　　　　㉔　　　　　　　　㉕ 还原

⑦ 减速慢行信号：右臂向右前方平伸，掌心向下；右臂与手掌平直向下方摆动，车辆应当减速慢行。

㉖ 正面

㉖ 侧面

㉗ 正面

㉗ 侧面

㉘ 还原

⑧ 示意车辆靠边停车信号：左臂向前上方平伸，掌心向前；右臂向前下方平伸，掌心向左；右臂向左水平摆动，车辆应当靠边停车。

㉙ 正面

㉙ 侧面

㉚ 正面 　　　　　　　　　　　㉚ 侧面

㉛ 正面 　　　　　　㉛ 侧面 　　　　　　㉜ 还原

　　交通警察在夜间没有路灯、照明不良或者遇有雨、雪、雾、沙尘、冰雹等低能见度天气条件下执勤时，可以用右手持指挥棒，按照上述手势信号指挥。

第5章

道路通行规定

5.1 一般规定

5.1.1 机动车信号灯和非机动车信号灯规定

（1）绿灯亮时，准许车辆通行，但转弯的车辆不得妨碍被放行的直行车辆、行人通行。

（2）黄灯亮时，已越过停止线的车辆可以继续通行。

（3）红灯亮时，禁止车辆通行。

　　在未设置非机动车信号灯和人行横道信号灯的路口，非机动车和行人应当按照机动车信号灯的指示通行。

5.1.2 人行横道信号灯规定

（1）绿灯亮时，准许行人通过人行横道。

（2）红灯亮时，禁止行人进入人行横道，但是已经进入人行横道的，可以继续通过或者在道路中心线处停留等候。

5.1.3 车道信号灯规定

（1）绿色箭头灯亮时，准许本车道车辆按指示方向通行。

（2）红色箭头灯或者叉形灯亮时，禁止本车道车辆通行。

5.1.4 方向指示信号灯规定

方向指示信号灯的箭头方向向左、向上、向右分别表示左转、直行、右转。

5.1.5 闪光信号规定

闪光信号灯为持续闪烁的黄灯，提示车辆、行人通行时注意瞭望，确认安全后通过

道路与铁路平面交叉道口信号灯还有其他样式的，都是绿灯通行，红灯停止。

5.2　机动车通行规定

5.2.1　车道行驶规定

5.2.2 限速规定

机动车在道路上行驶不得超过限速标志、标线标明的速度。在没有限速标志、标线的道路上，机动车不得超过下列最高行驶速度。

（1）没有道路中心线的道路，城市道路为每小时30千米，公路为每小时40千米。

（2）同方向只有1条机动车道的道路，城市道路为每小时50千米，公路为每小时70千米。

机动车行驶中遇有下列情形之一的，最高行驶速度不得超过每小时30千米，其中拖拉机、电瓶车、轮式专用机械车不得超过每小时15千米：

❶ 进出非机动车道，通过铁路道口、急弯路、窄路、窄桥时；

❷ 掉头、转弯、下陡坡时；

❸ 遇雾、雨、雪、沙尘、冰雹，能见度在50米以内时；

❹ 在冰雪、泥泞的道路上行驶时；

❺ 牵引发生故障的机动车时。

5.2.3　超车规定

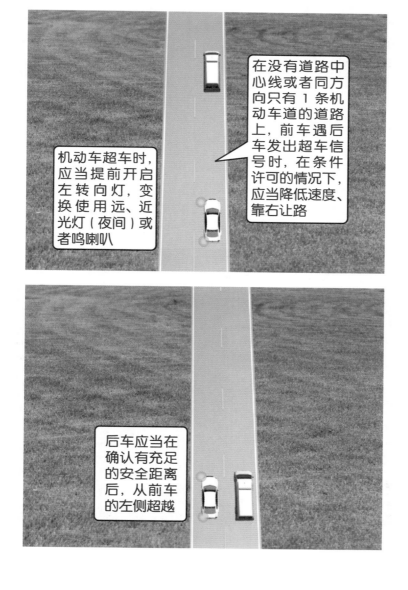

5.2.4　会车规定

在没有中心隔离设施或者没有中心线的道路上，机动车遇相对方向来车时应当遵守下列规定。

（1）减速靠右行驶，并与其他车辆、行人保持必要的安全距离。

（2）在有障碍的路段，无障碍的一方先行。

（3）在狭窄的坡路，上坡的一方先行。

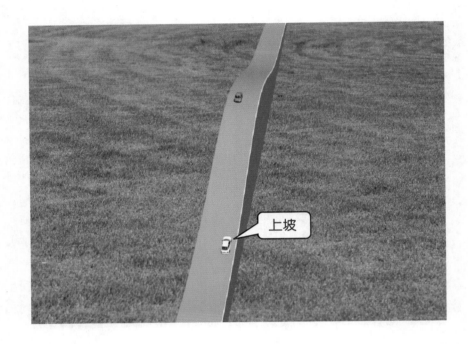

（4）在狭窄的山路，不靠山体的一方先行。

（5）夜间会车应当在距相对方向来车150米以外改用近光灯，在窄路、窄桥上与非机动车会车时应当使用近光灯。

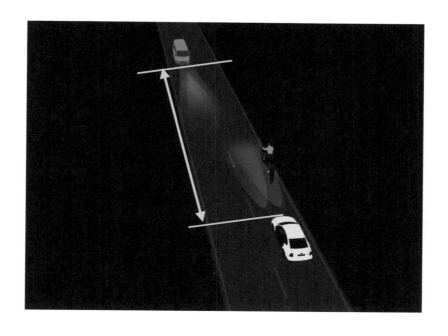

机动车在有禁止掉头或者禁止左转弯标志、标线的地点以及在铁路道口、人行横道、桥梁、急弯、陡坡、隧道或者容易发生危险的路段，不得掉头

机动车在没有禁止掉头或者没有禁止左转弯标志、标线的地点可以掉头，但不得妨碍正常行驶的其他车辆和行人的通行

5.2.6　倒车规定

机动车倒车时，驾驶人应当察明车后情况，确认安全后倒车。不得在铁路道口、交叉路口、单行路、桥梁、急弯、陡坡或者隧道中倒车

5.2.7　有交通信号灯控制的交叉路口通行规定

机动车通过有交通信号灯控制的交叉路口时，应当按照下列规定通行。

（1）在划有导向车道的路口，按所需行进方向驶入导向车道。

（2）准备进入环形路口的机动车让已在路口内的机动车先行。

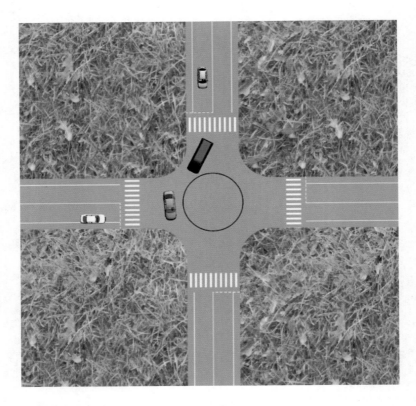

（3）向左转弯时，靠路口中心点左侧转弯。转弯时开启转向灯。

（4）遇放行信号时，依次通过。

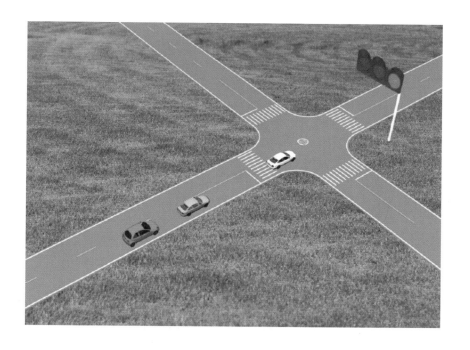

（5）遇停止信号时，依次停在停止线以外。

（6）向右转弯遇有同车道前车正在等候放行信号时，依次停车等候。

（7）在没有方向指示信号灯的交叉路口，转弯的机动车让直行的车辆、行人先行。

（8）相对方向行驶的右转弯机动车让左转弯车辆先行。

5.2.8 没有交通信号灯控制也没有交通警察指挥的交叉路口通行规定

机动车通过没有交通信号灯控制也没有交通警察指挥的交叉路口，还应当遵守下列规定。

（1）有交通标志、标线控制的，让优先通行的一方先行。

（2）没有交通标志、标线控制的路口，驾驶人在进入前停车瞭望，让右方道路的来车先行。

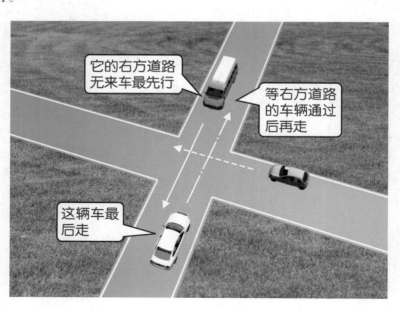

（3）转弯的机动车让直行的车辆先行。

（4）相对方向行驶的右转弯的机动车让左转弯的车辆先行。

5.2.9 交通不顺畅时的规定

（1）机动车遇有前方交叉路口交通阻塞时，应当依次停在路口以外等候，不得进入路口。

（2）在遇有前方机动车停车排队等候或者缓慢行驶时，应当依次排队，不得从前方车辆两侧穿插或者超越行驶。

不得在人行
横道内停车
等候

（3）机动车在车道减少的路口、路段，遇有前方机动车停车排队等候或者缓慢行驶的，应当每车道一辆依次交替驶入车道减少后的路口、路段。

5.2.10 机动车装载规定

机动车载物不得超过机动车行驶证上核定的载质量，装载长度、宽度不得超出车厢，并应当遵守下列规定。

（1）重型、中型载货汽车，半挂车载物。

高度从地面起不得超过4米

载运集装箱的车辆，高度从地面起不得超过4.2米

（2）其他载货的机动车载物。

高度从地面起不得超过2.5米

（3）摩托车载物。

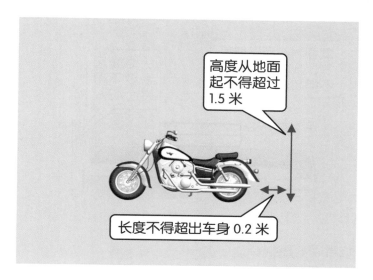

（4）载客汽车除车身外部的行李架和内置的行李箱外，不得载货。

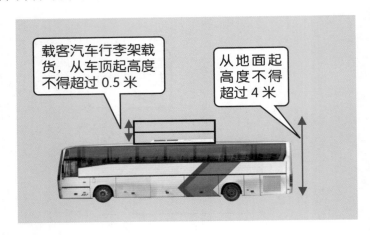

机动车载人应当遵守下列规定。

（1）公路载客汽车不得超过核定的载客人数，但按照规定免票的儿童除外，在载客人数已满的情况下，按照规定免票的儿童不得超过核定载客人数的10%。

（2）载货汽车车厢不得载客。

（3）摩托车后座不得乘坐未满12周岁的未成年人，轻便摩托车不得载人。

禁止未满 12 岁的未成年人乘坐摩托车

5.2.11 牵引挂车规定

机动车牵引挂车应当符合下列规定。

（1）载货汽车、半挂牵引车、拖拉机只允许牵引1辆挂车。挂车的灯光信号、制动、连接、安全防护等装置应当符合国家标准。

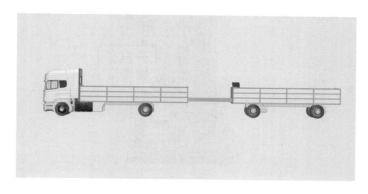

（2）小型载客汽车只允许牵引旅居挂车或者总质量在700千克以下的挂车。挂车不得载人。

（3）载货汽车所牵引挂车的载质量不得超过载货汽车本身的载质量。

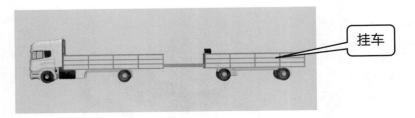

大型、中型载客汽车，低速载货汽车，三轮汽车，以及其他机动车不得牵引挂车。

5.2.12　灯光使用规定

机动车应当按照下列规定使用转向灯。

（1）向左转弯、向左变更车道、准备超车、驶离停车地点或者掉头时，应当提前开启左转向灯。

（2）向右转弯、向右变更车道、超车完毕驶回原车道、靠路边停车时，应当提前开启右转向灯。

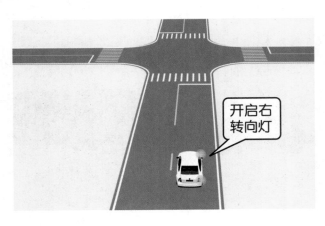

（3）机动车在夜间没有路灯、照明不良或者遇有雾、雨、雪、沙尘、冰雹等低能见度情况下行驶时，应当开启前照灯、示廓灯和后位灯。

（4）同方向行驶的后车与前车近距离行驶时，不得使用远光灯。

（5）机动车雾天行驶应当开启雾灯和危险报警闪光灯。

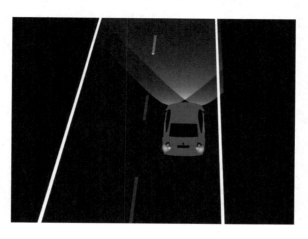

（6）机动车在夜间通过急弯、坡路、拱桥、人行横道或者没有交通信号灯控制的路口时，应当交替使用远近光灯示意。

人行横道

没有交通信号灯控制的路口

机动车驶近急弯、坡道顶端等影响安全视距的路段以及超车或者遇有紧急情况时，应当减速慢行，并鸣喇叭示意

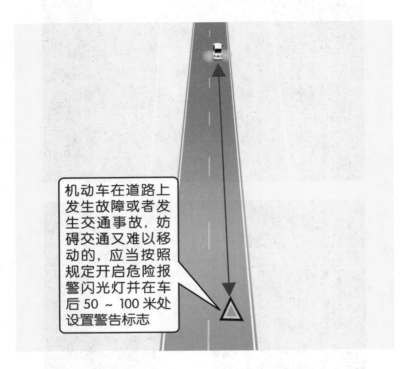

5.2.14 故障机动车牵引规定

牵引故障机动车应当遵守下列规定。

（1）被牵引的机动车除驾驶人外不得载人，不得拖带挂车。

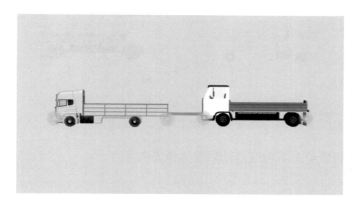

（2）被牵引的机动车宽度不得大于牵引机动车的宽度。

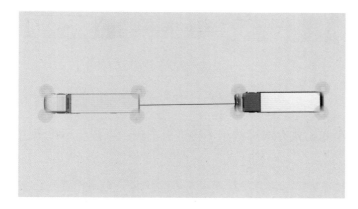

（3）使用软连接牵引装置时，牵引车与被牵引车之间的距离应当大于4米，小于10米。

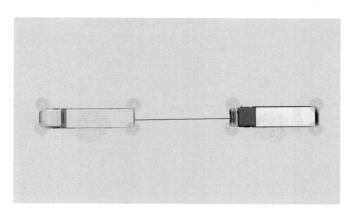

（4）对制动失效的被牵引车，应当使用硬连接牵引装置牵引。

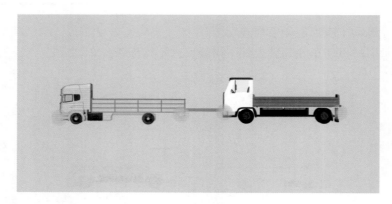

（5）牵引车和被牵引车均应当开启危险报警闪光灯。

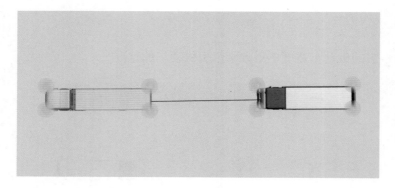

（6）汽车吊车和轮式专用机械车不得牵引车辆。摩托车不得牵引车辆或者被其他车辆牵引。

转向或者照明、信号装置失效的故障机动车，应当使用专用清障车拖曳

5.2.15　安全驾驶机动车行为规定

驾驶机动车不得有下列行为。

（1）在车门、车厢没有关好时行车。

（2）在机动车驾驶室的前后窗范围内悬挂、放置妨碍驾驶人视线的物品。

（3）拨打和接听手持电话、观看电视等妨碍安全驾驶的行为。

（4）下陡坡时熄火或者空挡滑行。

（5）向道路上抛撒物品。

禁止向道路上抛撒物品

（6）驾驶摩托车手离车把或者在车把上悬挂物品。

（7）连续驾驶机动车超过4小时未停车休息或者停车休息时间少于20分钟。

（8）在禁止鸣喇叭的区域或者路段鸣喇叭。

机动车行经漫水路或者漫水桥时，驾驶人应当停车查明水情，确认安全后，低速通过。

5.2.16　临时停车规定

先解释一下停车标志和标线。

禁止车辆临时或长时停放标志，有两条斜线。表示在限定的范围内，禁止一切车辆临时或长时停放。此标志设在禁止车辆停放的地方。禁止车辆停放的时间、车种和范围可用辅助标志说明

禁止车辆长时停放标志，有一条斜线。临时停车不受限制。禁止车辆停放的时间、车种和范围可用辅助标志说明

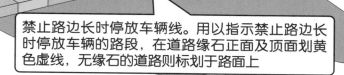

禁止路边长时停放车辆线。用以指示禁止路边长时停放车辆的路段，在道路缘石正面及顶面划黄色虚线，无缘石的道路则标划于路面上

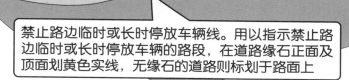

禁止路边临时或长时停放车辆线。用以指示禁止路边临时或长时停放车辆的路段，在道路缘石正面及顶面划黄色实线，无缘石的道路则标划于路面上

机动车在道路上临时停车，应当遵守下列规定。

在设有禁停标志、标线的路段，在机动车道与非机动车道、人行横道之间设有隔离设施的路段，以及人行横道、施工地段，不得停车

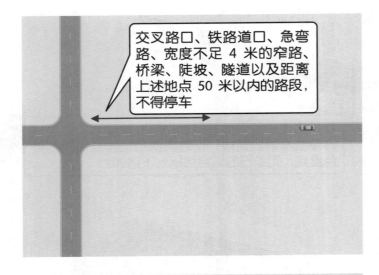

路边停车时应当紧靠道路右侧，机动车驾驶人不得离车，上下人员或者装卸物品后，立即驶离

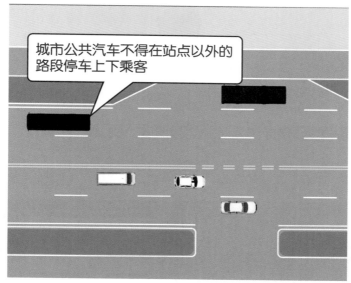

城市公共汽车不得在站点以外的路段停车上下乘客

5.2.17　载运超限物品规定

机动车载运超限物品行经铁路道口的，应当按照当地铁路部门指定的铁路道口、时间通过。

机动车行经渡口，应当服从渡口管理人员指挥，按照指定地点依次待渡。机动车上下渡船时，应当低速慢行。

5.2.18　特种车辆警报器使用规定

警车、消防车、救护车、工程救险车在执行紧急任务遇交通受阻时，可以断续使用警报器，并遵守下列规定：

❶ 不得在禁止使用警报器的区域或者路段使用警报器；

❷ 夜间在市区不得使用警报器；

❸ 列队行驶时，前车已经使用警报器的，后车不再使用警报器。

5.2.19　单位院内、居民居住区内行驶规定

在单位院内、居民居住区内，机动车应当低速行驶，避让行人；有限速标志的，按照限速标志行驶。

5.3　非机动车通行规定

5.3.1　通过有交通信号灯控制的交叉路口

非机动车通过有交通信号灯控制的交叉路口，应当按照下列规定通行。

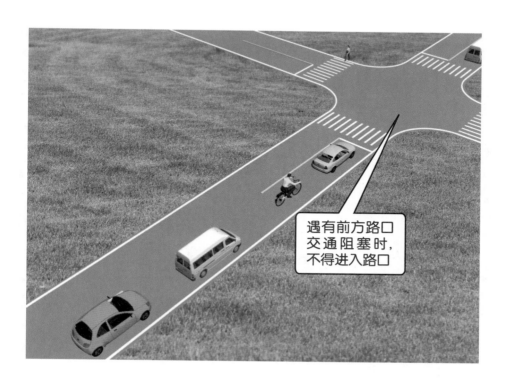

向左转弯时，
靠路口中心点
的右侧转弯

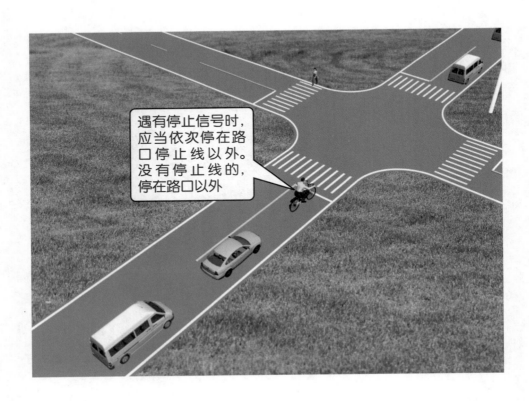

遇有停止信号时，
应当依次停在路
口停止线以外。
没有停止线的，
停在路口以外

向右转弯遇有同方向前车正在等候放行信号时，在本车道内能够转弯的，可以通行；不能转弯的，依次等候

5.3.2　通过没有交通信号灯控制也没有交通警察指挥的交叉路口

非机动车通过没有交通信号灯控制也没有交通警察指挥的交叉路口，还应当遵守下列规定。

有交通标志、标线控制的，让优先通行的一方先行

没有交通标志、标线控制的，在路口外慢行或者停车瞭望，让右方道路的来车先行

相对方向行驶的右转弯的非机动车让左转弯的车辆先行

5.3.3 横过机动车道及借道通行规定

骑自行车、电动自行车、三轮车横过机动车道时，应当下车推行，有人行横道或者行人过街设施的，应当从人行横道或者行人过街设施通过

没有人行横道、没有行人过街设施或者不便使用行人过街设施的，在确认安全后直行通过

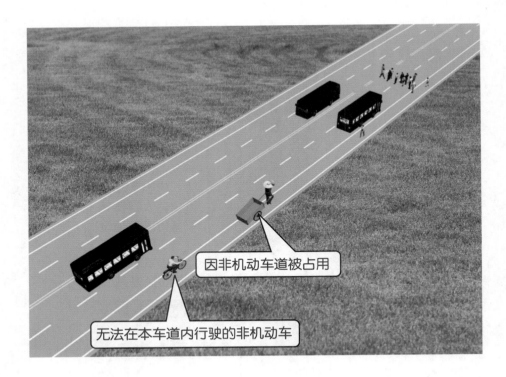

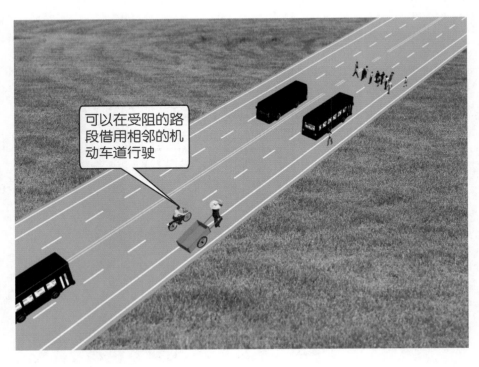

5.3.4　载物规定

非机动车载物，应当遵守下列规定。

（1）自行车、电动自行车、残疾人机动轮椅车载物。

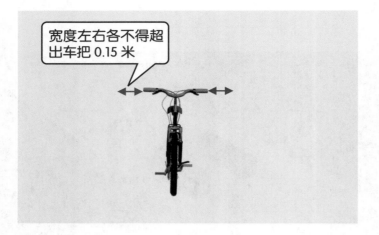

（2）三轮车、人力车载物。

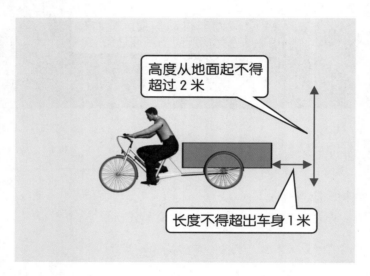

（3）畜力车载物。

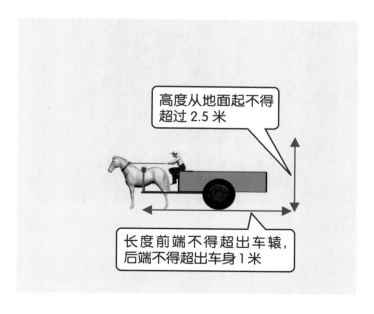

自行车载人的规定，由省、自治区、直辖市人民政府根据当地实际情况制定。

5.3.5 骑车规定

在道路上骑自行车、三轮车、电动自行车、残疾人机动轮椅车应当遵守下列规定。
（1）骑自行车、三轮车必须年满12周岁。

（2）骑电动自行车和残疾人机动轮椅车必须年满16周岁。

（3）不得醉酒骑车。

（4）转弯前应当减速慢行，伸手示意，不得突然猛拐，超越前车时不得妨碍被超越的车辆行驶。

（5）不得牵引、攀扶车辆或者被其他车辆牵引，不得双手离把或者手中持物。

（6）不得扶身并行、互相追逐或者曲折竞驶。

（7）不得在道路上骑独轮自行车或者2人以上骑行的自行车。

（8）非下肢残疾的人不得驾驶残疾人机动轮椅车。

（9）自行车、三轮车不得加装动力装置。

（10）不得在道路上学习驾驶非机动车。

5.3.6　畜力车驾驭规定

在道路上驾驭畜力车应当年满16周岁，并遵守下列规定。

（1）不得醉酒驾驭。

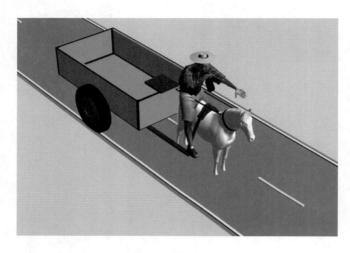

（2）不得并行，驾驭人不得离开车辆。

（3）行经繁华路段、交叉路口、铁路道口、人行横道、急弯路、宽度不足4米的窄路或者窄桥、陡坡、隧道或者容易发生危险的路段，不得超车。驾驭二轮畜力车应当下车牵引牲畜。

画说道路交通安全法规（第二版）

（4）不得使用未经驯服的牲畜驾车，随车幼畜须拴系。

（5）停放车辆应当拉紧车闸，拴系牲畜。

5.4　行人和乘车人通行规定

5.4.1　通行规定

行人通行应遵守下列规定。

不得在道路上使用滑板、旱冰鞋等滑行工具

5.4.2 乘坐规定

乘坐机动车应当遵守下列规定。

5.5　高速公路特别规定

5.5.1　行驶速度规定

5.5.2　驶入驶离规定

5.5.3 车距规定

机动车在高速公路上行驶，车速超过每小时 100 千米时，应当与同车道前车保持 100 米以上的距离

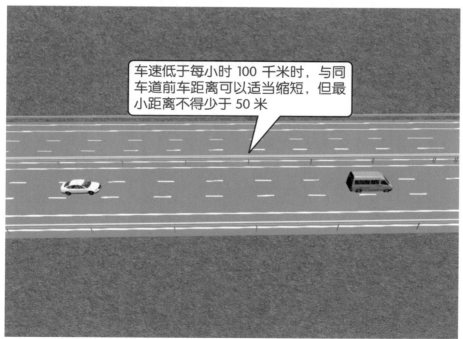

车速低于每小时 100 千米时，与同车道前车距离可以适当缩短，但最小距离不得少于 50 米

5.5.4 恶劣气象条件行驶规定

　　机动车在高速公路上行驶，遇有雾、雨、雪、沙尘、冰雹等低能见度气象条件时，应当遵守下列规定。

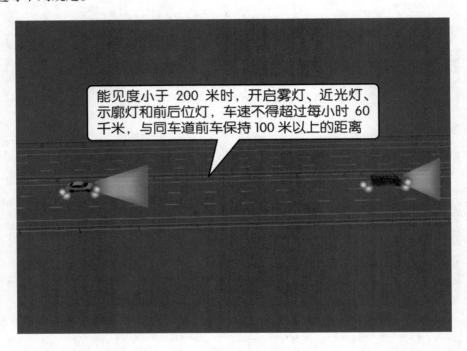

能见度小于 200 米时，开启雾灯、近光灯、示廓灯和前后位灯，车速不得超过每小时 60 千米，与同车道前车保持 100 米以上的距离

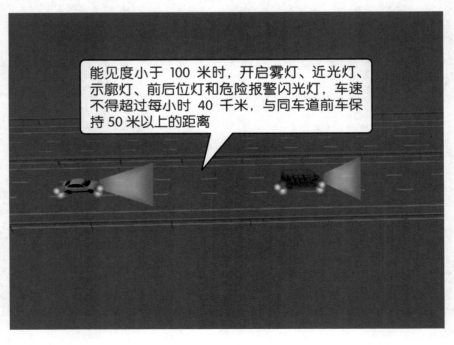

能见度小于 100 米时，开启雾灯、近光灯、示廓灯、前后位灯和危险报警闪光灯，车速不得超过每小时 40 千米，与同车道前车保持 50 米以上的距离

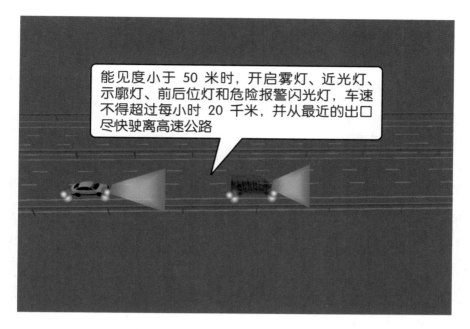

高速公路管理部门应当通过显示屏等方式发布速度限制、保持车距等提示信息。

5.5.5 禁止行为

机动车在高速公路上行驶，应遵守下列规定。

（1）不得倒车、逆行、穿越中央分隔带掉头或者在车道内停车。

（2）不得在匝道、加速车道或者减速车道上超车。

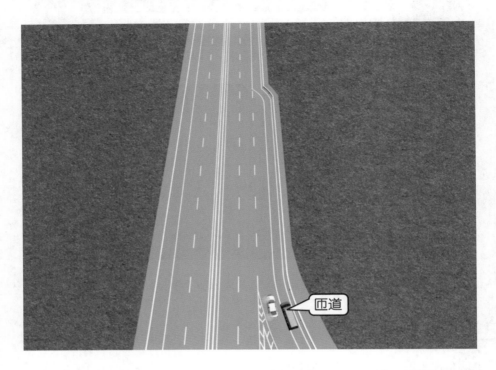

匝道

加速车道

（3）不得骑、轧车行道分界线或者在路肩上行驶。

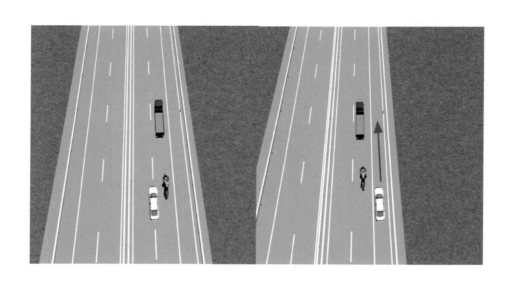

（4）非紧急情况时，不得在应急车道上行驶或者停车。

（5）不得试车或者驾驶机动车。

5.5.6　载货汽车、二轮摩托车载人规定

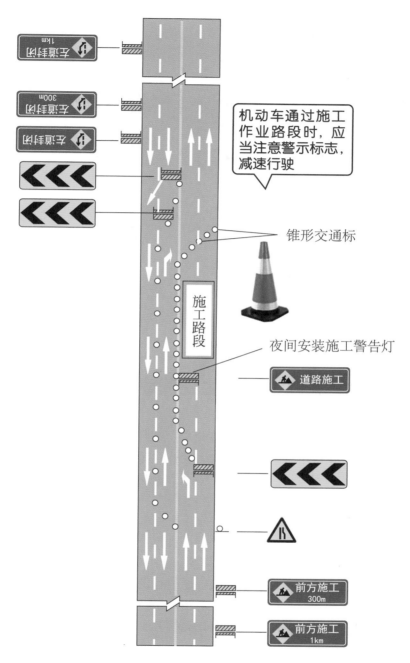

机动车通过施工作业路段时，应当注意警示标志，减速行驶

锥形交通标

施工路段

夜间安装施工警告灯

道路施工

前方施工
300m

前方施工
1km

左道封闭
1km

左道封闭
300m

左道封闭

城市快速路的道路交通安全管理，参照本节的规定执行。

高速公路、城市快速路的道路交通安全管理工作，省、自治区、直辖市人民政府公安机关交通管理部门可以指定设区的市人民政府公安机关交通管理部门或者相当于同级的公安机关交通管理部门承担。

第6章 ···

交通事故处理

6.1 在道路上发生交通事故的规定

  机动车与机动车、机动车与非机动车在道路上发生未造成人身伤亡的交通事故，当事人对事实及成因无争议的，在记录交通事故的时间、地点、双方当事人的姓名和联系方式、机动车牌号、驾驶证号、保险凭证号、碰撞部位，并共同签名后，撤离现场，自行协商损害赔偿事宜。当事人对交通事故事实及成因有争议的，应当迅速报警。

  非机动车与非机动车或者行人在道路上发生交通事故，未造成人身伤亡，且基本事实及成因清楚的，当事人应当先撤离现场，再自行协商处理损害赔偿事宜。当事人对交通事故事实及成因有争议的，应当迅速报警。

  机动车发生交通事故，造成道路、供电、通信等设施损毁的，驾驶人应当报警并等候处理，不得驶离。机动车可以移动的，应当将机动车移至不妨碍交通的地点。公安机关交通管理部门应当将事故有关情况通知有关部门。

  公安机关交通管理部门或者交通警察接到交通事故报警后，应当及时赶赴现场，对未造成人身伤亡，事实清楚，并且机动车可以移动的，应当在记录事故情况后责令当事人撤离现场，恢复交通。对拒不撤离现场的，予以强制撤离。

  对属于规定情况的道路交通事故，交通警察可以采用简易程序处理，并当场出具事故认定书。当事人共同请求调解的，交通警察可以当场对损害赔偿争议进行调解。

  对道路交通事故造成人员伤亡和财产损失需要勘验、检查现场的，公安机关交通管理部门应当按照勘查现场工作规范进行。现场勘查完毕，应当组织清理现场，恢复交通。

投保机动车第三者责任强制保险的机动车发生交通事故，因抢救受伤人员需要保险公司支付抢救费用的，由公安机关交通管理部门通知保险公司。

抢救受伤人员需要道路交通事故救助基金垫付费用的，由公安机关交通管理部门通知道路交通事故社会救助基金管理机构。

公安机关交通管理部门应当根据交通事故当事人的行为对发生交通事故所起的作用以及过错的严重程度，确定当事人的责任。

发生交通事故后当事人逃逸的，逃逸的当事人承担全部责任。但是，有证据证明对方当事人也有过错的，可以减轻责任。

当事人故意破坏、伪造现场、毁灭证据的，承担全部责任。

公安机关交通管理部门对经过勘验、检查现场的交通事故，应当在勘查现场之日起10日内制作交通事故认定书。对需要进行检验、鉴定的，应当在检验、鉴定结果确定之日起5日内制作交通事故认定书。

对交通事故致死的，调解从办理丧葬事宜结束之日起开始；对交通事故致伤的，调解从治疗终结或者定残之日起开始；对交通事故造成财产损失的，调解从确定损失之日起开始。

车辆在道路以外发生交通事故，公安机关交通管理部门接到报案的，参照道路交通安全法和本条例的规定处理。

车辆、行人与火车发生的交通事故以及在渡口发生的交通事故，依照国家有关规定处理。

6.2　对交通事故损害赔偿的规定

交通事故损害赔偿项目和标准依照有关法律的规定执行。

当事人对交通事故损害赔偿有争议，各方当事人一致请求公安机关交通管理部门调解的，应当在收到交通事故认定书之日起10日内提出书面调解申请。

公安机关交通管理部门调解交通事故损害赔偿争议的期限为10日。调解达成协议的，公安机关交通管理部门应当制作调解书送交各方当事人，调解书经各方当事人共同签字后生效；调解未达成协议的，公安机关交通管理部门应当制作调解终结书送交各方当事人。

对交通事故损害赔偿的争议，当事人向人民法院提起民事诉讼的，公安机关交通管理部门不再受理调解申请。

公安机关交通管理部门调解期间，当事人向人民法院提起民事诉讼的，调解终止。

第7章 ···

执法监督

7.1 执法的基本规定

公安机关交通管理部门应当公开办事制度、办事程序，建立警风警纪监督员制度，自觉接受社会和群众的监督。

公安机关交通管理部门及其交通警察办理机动车登记，发放号牌，对驾驶人考试、发证，处理道路交通安全违法行为，处理道路交通事故，应当严格遵守有关规定，不得越权执法，不得延迟履行职责，不得擅自改变处罚的种类和幅度。

公安机关交通管理部门应当公布举报电话，受理群众举报投诉，并及时调查核实，反馈查处结果。

公安机关交通管理部门应当建立执法质量考核评议、执法责任制和执法过错追究制度，防止和纠正道路交通安全执法中的错误或者不当行为。

7.2 回避

交通警察调查处理道路交通安全违法行为和交通事故，有下列情形之一的，应当回避：

①　是本案的当事人或者当事人的近亲属；

②　本人或者其近亲属与本案有利害关系；

③　与本案当事人有其他关系，可能影响案件的公正处理。

7.3　执法监督

公安机关交通管理部门应当加强对交通警察的管理，提高交通警察的素质和管理道路交通的水平。公安机关交通管理部门应当对交通警察进行法制和交通安全管理业务培训、考核。交通警察经考核不合格的，不得上岗执行职务。

公安机关交通管理部门及其交通警察实施道路交通安全管理，应当依据法定的职权和程序，简化办事手续，做到公正、严格、文明、高效。

交通警察执行职务时，应当按照规定着装，佩戴人民警察标志，持有人民警察证件，保持警容严整，举止端庄，指挥规范。

依照本法发放牌证等收取工本费，应当严格执行国务院价格主管部门核定的收费标准，并全部上缴国库。

①　公安机关交通管理部门依法实施罚款的行政处罚，应当依照有关法律、行政法规的规定，实施罚款决定与罚款收缴分离；收缴的罚款以及依法没收的违法所得，应当全部上缴国库。

②　公安机关交通管理部门及其交通警察的行政执法活动，应当接受行政监察机关依法实施的监督。公安机关督察部门应当对公安机关交通管理部门及其交通警察执行法律、法规和遵守纪律的情况依法进行监督。上级公安机关交通管理部门应当对下级公安机关交通管理部门的执法活动进行监督。

③　公安机关交通管理部门及其交通警察执行职务，应当自觉接受社会和公民的监督。任何单位和个人都有权对公安机关交通管理部门及其交通警察不严格执法以及违法违纪行为进行检举、控告。收到检举、控告的机关，应当依据职责及时查处。

④　任何单位不得给公安机关交通管理部门下达或者变相下达罚款指标；公安机关交通管理部门不得以罚款数额作为考核交通警察的标准。公安机关交通管理部门及其交通警察对超越法律、法规规定的指令，有权拒绝执行，并同时向上级机关报告。

第8章

法律责任

违反《道路交通安全法实施条例》规定的行为，依照《道路交通安全法》和《道路交通安全法实施条例》的规定处罚。

以欺骗、贿赂等不正当手段取得机动车登记或者驾驶许可的，收缴机动车登记证书、号牌、行驶证或者机动车驾驶证，撤销机动车登记或者机动车驾驶许可；申请人在3年内不得申请机动车登记或者机动车驾驶许可。

交通警察按照简易程序当场做出行政处罚的，应当告知当事人道路交通安全违法行为的事实、处罚的理由和依据，并将行政处罚决定书当场交付被处罚人。

对道路交通安全违法行为人处以罚款或者暂扣驾驶证处罚的，由违法行为发生地的县级以上人民政府公安机关交通管理部门或者相当于同级的公安机关交通管理部门做出决定；对处以吊销机动车驾驶证处罚的，由设区的市人民政府公安机关交通管理部门或者相当于同级的公安机关交通管理部门做出决定。

公安机关交通管理部门对非本辖区机动车的道路交通安全违法行为没有当场处罚的，可以由机动车登记地的公安机关交通管理部门处罚。

当事人对公安机关交通管理部门及其交通警察的处罚有权进行陈述和申辩，交通警察应当充分听取当事人的陈述和申辩，不得因当事人陈述、申辩而加重其处罚。

8.1 道路交通安全违法行为的处罚种类

对道路交通安全违法行为的处罚种类包括：警告、罚款、暂扣或者吊销机动车驾驶证、拘留。

8.2 对行人、乘车人、非机动车驾驶人的违法处理规定

行人、乘车人、非机动车驾驶人违反道路交通安全法律、法规关于道路通行规定的，处警告或者五元以上五十元以下罚款；非机动车驾驶人拒绝接受罚款处罚的，可以扣留其非机动车。

8.3 对机动车驾驶人的违法处理规定

机动车驾驶人违反道路交通安全法律、法规关于道路通行规定的，处警告或者二十元以上二百元以下罚款。《道路交通安全法》另有规定的，依照规定处罚。

机动车驾驶人有下列行为之一，又无其他机动车驾驶人即时替代驾驶的，公安机关交通管理部门除依法给予处罚外，可以将其驾驶的机动车移至不妨碍交通的地点或者有关部门指定的地点停放：

❶ 不能出示本人有效驾驶证的；

❷ 驾驶的机动车与驾驶证载明的准驾车型不符的；

❸ 饮酒、服用国家管制的精神药品或者麻醉药品、患有妨碍安全驾驶的疾病，或者过度疲劳仍继续驾驶的；

❹ 学习驾驶人员没有教练人员随车指导单独驾驶的。

机动车驾驶人有饮酒、醉酒、服用国家管制的精神药品或者麻醉药品嫌疑的，应当接受测试、检验。

饮酒后驾驶机动车的，处暂扣六个月机动车驾驶证，并处一千元以上二千元以下罚款。因饮酒后驾驶机动车被处罚，再次饮酒后驾驶机动车的，处十日以下拘留，并处一千元以上二千元以下罚款，吊销机动车驾驶证。醉酒驾驶机动车的，由公安机关交通管理部门约束至酒醒，吊销机动车驾驶证，依法追究刑事责任；五年内不得重新取得机动车驾驶证。饮酒后驾驶营运机动车的，处十五日拘留，并处五千元罚款，吊销机动车驾驶证，五年内不得重新取得机动车驾驶证。

醉酒驾驶营运机动车的，由公安机关交通管理部门约束至酒醒，吊销机动车驾驶证，依法追究刑事责任；十年内不得重新取得机动车驾驶证，重新取得机动车驾驶证

后，不得驾驶营运机动车。饮酒后或者醉酒驾驶机动车发生重大交通事故，构成犯罪的，依法追究刑事责任，并由公安机关交通管理部门吊销机动车驾驶证，终生不得重新取得机动车驾驶证。

公路客运车辆载客超过额定乘员的，处二百元以上五百元以下罚款；超过额定乘员百分之二十或者违反规定载货的，处五百元以上二千元以下罚款。货运机动车超过核定载质量的，处二百元以上五百元以下罚款；超过核定载质量百分之三十或者违反规定载客的，处五百元以上二千元以下罚款。并由公安机关交通管理部门扣留机动车至违法状态消除。

运输单位的车辆有规定的情形，经处罚不改的，对直接负责的主管人员处二千元以上五千元以下罚款。

8.4　对机动车停放、临时停车的违法处理规定

对违反道路交通安全法律、法规关于机动车停放、临时停车规定的，可以指出违法行为，并予以口头警告，令其立即驶离。机动车驾驶人不在现场或者虽在现场但拒绝立即驶离，妨碍其他车辆、行人通行的，处二十元以上二百元以下罚款，并可以将该机动车拖移至不妨碍交通的地点或者公安机关交通管理部门指定的地点停放。公安机关交通管理部门拖车不得向当事人收取费用，并应当及时告知当事人停放地点。因采取不正确的方法拖车造成机动车损坏的，应当依法承担补偿责任。

8.5　驾驶不符合上路条件的机动车的违法处理规定

驾驶拼装的机动车或者已达到报废标准的机动车上道路行驶的，公安机关交通管理部门应当予以收缴，强制报废。对驾驶拼装的机动车或者已达到报废标准的机动车上道路行驶的驾驶人，处二百元以上二千元以下罚款，并吊销机动车驾驶证。出售已达到报废标准的机动车的，没收违法所得，处销售金额等额的罚款，对该机动车予以

收缴，强制报废。

伪造、变造或者使用伪造、变造的机动车登记证书、号牌、行驶证、驾驶证的，由公安机关交通管理部门予以收缴，扣留该机动车，处十五日以下拘留，并处二千元以上五千元以下罚款；构成犯罪的，依法追究刑事责任。伪造、变造或者使用伪造、变造的检验合格标志、保险标志的，由公安机关交通管理部门予以收缴，扣留该机动车，处十日以下拘留，并处一千元以上三千元以下罚款；构成犯罪的，依法追究刑事责任。使用其他车辆的机动车登记证书、号牌、行驶证、检验合格标志、保险标志的，由公安机关交通管理部门予以收缴，扣留该机动车，处二千元以上五千元以下罚款。当事人提供相应的合法证明或者补办相应手续的，应当及时退还机动车。

非法安装警报器、标志灯具的，由公安机关交通管理部门强制拆除，予以收缴，并处二百元以上二千元以下罚款。

机动车所有人、管理人未按照国家规定投保机动车第三者责任强制保险的，由公安机关交通管理部门扣留车辆至依照规定投保后，并处依照规定投保最低责任限额应缴纳的保险费的二倍罚款。缴纳的罚款全部纳入道路交通事故社会救助基金。具体办法由国务院规定。

8.6 对没有驾驶资格驾驶机动车的违法处理规定

有下列行为之一的，由公安机关交通管理部门处二百元以上二千元以下罚款：

❶ 未取得机动车驾驶证、机动车驾驶证被吊销或者机动车驾驶证被暂扣期间驾驶机动车的；

❷ 将机动车交由未取得机动车驾驶证或者机动车驾驶证被吊销、暂扣的人驾驶的；

❸ 造成交通事故后逃逸，尚不构成犯罪的；

❹ 机动车行驶超过规定时速百分之五十的；

❺ 强迫机动车驾驶人违反道路交通安全法律、法规和机动车安全驾驶要求驾驶机动车，造成交通事故，尚不构成犯罪的；

❻ 违反交通管制的规定强行通行，不听劝阻的；

❼ 故意损毁、移动、涂改交通设施，造成危害后果，尚不构成犯罪的；

❽ 非法拦截、扣留机动车辆，不听劝阻，造成交通严重阻塞或者较大财产损失的。

行为人有第❷项、第❹项情形之一的，可以并处吊销机动车驾驶证；有第❶项、第❸项、第❺项至第❽项情形之一的，可以并处十五日以下拘留。

8.7　对道路产生非法影响的违法处理规定

　　未经批准，擅自挖掘道路、占用道路施工或者从事其他影响道路交通安全活动的，由道路主管部门责令停止违法行为，并恢复原状，可以依法给予罚款；致使通行的人员、车辆及其他财产遭受损失的，依法承担赔偿责任；影响道路交通安全活动的，公安机关交通管理部门可以责令停止违法行为，迅速恢复交通。

　　在道路两侧及隔离带上种植树木、其他植物或者设置广告牌、管线等，遮挡路灯、交通信号灯、交通标志，妨碍安全视距的，由公安机关交通管理部门责令行为人排除妨碍；拒不执行的，处二百元以上二千元以下罚款，并强制排除妨碍，所需费用由行为人负担。

　　道路施工作业或者道路出现损毁，未及时设置警示标志、未采取防护措施，或者应当设置交通信号灯、交通标志、交通标线而没有设置或者应当及时变更交通信号灯、交通标志、交通标线而没有及时变更，致使通行的人员、车辆及其他财产遭受损失的，负有相关职责的单位应当依法承担赔偿责任。

8.8　营运车辆处罚规定

　　公路客运载客汽车超过核定乘员、载货汽车超过核定载质量的，公安机关交通管理部门依法扣留机动车后，驾驶人应当将超载的乘车人转运、将超载的货物卸载，费用由超载机动车的驾驶人或者所有人承担。

8.9　依法扣留机动车的处理规定

　　依照《道路交通安全法》的规定，被扣留的机动车，驾驶人或者所有人、管理人30日内没有提供被扣留机动车的合法证明，没有补办相应手续，或者不前来接受处理，经公安机关交通管理部门通知并且经公告3个月仍不前来接受处理的，由公安机关交通管理部门将该机动车送交有资格的拍卖机构拍卖，所得价款上缴国库；非法拼装的机动车予以拆除；达到报废标准的机动车予以报废；机动车涉及其他违法犯罪行为的，移交有关部门处理。

8.10 处罚的执行

对道路交通违法行为人予以警告、处二百元以下罚款，交通警察可以当场做出行政处罚决定，并出具行政处罚决定书。行政处罚决定书应当载明当事人的违法事实、行政处罚的依据、处罚内容、时间、地点以及处罚机关名称，并由执法人员签名或者盖章。

当事人应当自收到罚款的行政处罚决定书之日起十五日内，到指定的银行缴纳罚款。对行人、乘车人和非机动车驾驶人的罚款，当事人无异议的，可以当场予以收缴罚款。

罚款应当开具省、自治区、直辖市财政部门统一制发的罚款收据；不出具财政部门统一制发的罚款收据的，当事人有权拒绝缴纳罚款。

当事人逾期不履行行政处罚决定的，做出行政处罚决定的行政机关可以采取下列措施：

❶ 到期不缴纳罚款的，每日按罚款数额的百分之三加处罚款；

❷ 申请人民法院强制执行。

执行职务的交通警察认为应当对道路交通违法行为人给予暂扣或者吊销机动车驾驶证处罚的，可以先予扣留机动车驾驶证，并在二十四小时内将案件移交公安机关交通管理部门处理。道路交通违法行为人应当在十五日内到公安机关交通管理部门接受处理。无正当理由逾期未接受处理的，吊销机动车驾驶证。公安机关交通管理部门暂扣或者吊销机动车驾驶证的，应当出具行政处罚决定书。

对违反本法规定予以拘留的行政处罚，由县、市公安局、公安分局或者相当于县一级的公安机关裁决。

公安机关交通管理部门扣留机动车、非机动车，应当当场出具凭证，并告知当事人在规定期限内到公安机关交通管理部门接受处理。公安机关交通管理部门对被扣留的车辆应当妥善保管，不得使用。逾期不来接受处理，并且经公告三个月仍不来接受处理的，对扣留的车辆依法处理。

暂扣机动车驾驶证的期限从处罚决定生效之日起计算；处罚决定生效前先予扣留机动车驾驶证的，扣留一日折抵暂扣期限一日。吊销机动车驾驶证后重新申请领取机动车驾驶证的期限，按照机动车驾驶证管理规定办理。

公安机关交通管理部门根据交通技术监控记录资料，可以对违法的机动车所有人或者管理人依法予以处罚。对能够确定驾驶人的，可以依照本法的规定依法予以处罚。

8.11 对交通警察违法行为的处理规定

公安机关交通管理部门及其交通警察执行职务，应当自觉接受社会和公民的监督。任何单位和个人都有权对公安机关交通管理部门及其交通警察不严格执法以及违法违纪行为进行检举、控告。收到检举、控告的机关，应当依据职责及时查处。

交通警察有下列行为之一的，依法给予行政处分：

❶ 为不符合法定条件的机动车发放机动车登记证书、号牌、行驶证、检验合格标志的；

❷ 批准不符合法定条件的机动车安装、使用警车、消防车、救护车、工程救险车的警报器、标志灯具，喷涂标志图案的；

❸ 为不符合驾驶许可条件、未经考试或者考试不合格人员发放机动车驾驶证的；

❹ 不执行罚款决定与罚款收缴分离制度或者不按规定将依法收取的费用、收缴的罚款及没收的违法所得全部上缴国库的；

❺ 举办或者参与举办驾驶学校或者驾驶培训班、机动车修理厂或者收费停车场等经营活动的；

❻ 利用职务上的便利收受他人财物或者谋取其他利益的；

❼ 违法扣留车辆、机动车行驶证、驾驶证、车辆号牌的；

❽ 使用依法扣留的车辆的；

❾ 当场收取罚款不开具罚款收据或者不如实填写罚款额的；

❿ 徇私舞弊，不公正处理交通事故的；

⓫ 故意刁难，拖延办理机动车牌证的；

⓬ 非执行紧急任务时使用警报器、标志灯具的；

⓭ 违反规定拦截、检查正常行驶的车辆的；

⓮ 非执行紧急公务时拦截搭乘机动车的；

⓯ 不履行法定职责的。

公安机关交通管理部门有所列行为之一的，对直接负责的主管人员和其他直接责任人员给予相应的行政处分。

公安机关交通管理部门及其交通警察有所列行为之一，给当事人造成损失的，应当依法承担赔偿责任。

依照《道路交通安全法》的规定，给予交通警察行政处分的，在做出行政处分决定前，可以停止其执行职务；必要时，可以予以禁闭。交通警察受到降级或者撤职行政处分的，可以予以辞退。交通警察受到开除处分或者被辞退的，应当取消警衔；受到撤职以下行政处分的交通警察，应当降低警衔。

交通警察利用职权非法占有公共财物，索取、收受贿赂，或者滥用职权、玩忽职守，构成犯罪的，依法追究刑事责任。

8.12 对机动车安全技术检验机构的处罚

机动车安全技术检验机构实施机动车安全技术检验超过国务院价格主管部门核定的收费标准收取费用的，退还多收取的费用，并由价格主管部门依照《中华人民共和国价格法》的有关规定给予处罚。机动车安全技术检验机构不按照机动车国家安全技术标准进行检验，出具虚假检验结果的，由公安机关交通管理部门处所收检验费用五倍以上十倍以下罚款，并依法撤销其检验资格；构成犯罪的，依法追究刑事责任。

读懂指示牌的基本原则

一、左近右远原则

前方路口为八一路的标识标志牌和街道示意图如下。

从八一路口往前走，首先到达横向街道建国路路口，再往前走，到达横向街道新华路路口，在标志牌上就是左边的建国路，右面的新华路，这就是左近右远原则。高速公路和城市快速路入口、出口标志牌也有类似的情况。

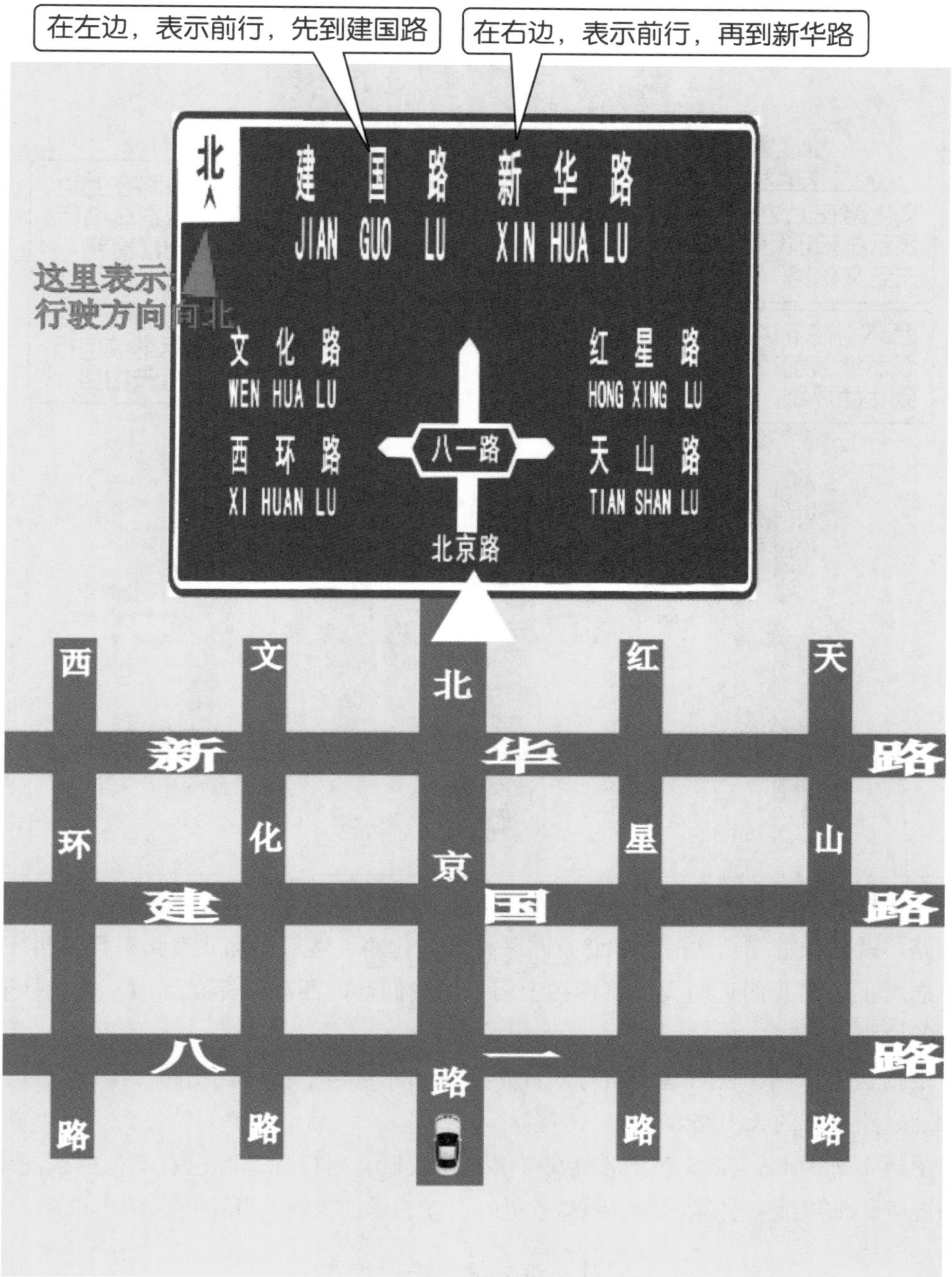

在左边，表示前行，先到建国路
在右边，表示前行，再到新华路
北
建国路 新华路
JIAN GUO LU XIN HUA LU
这里表示：
行驶方向向北
文化路
WEN HUA LU
红星路
HONG XING LU
西环路
XI HUAN LU
八一路
天山路
TIAN SHAN LU
北京路
西环路
文化路
北京路
红星路
天山路
新华路
建国路
八一路

二、上近下远原则

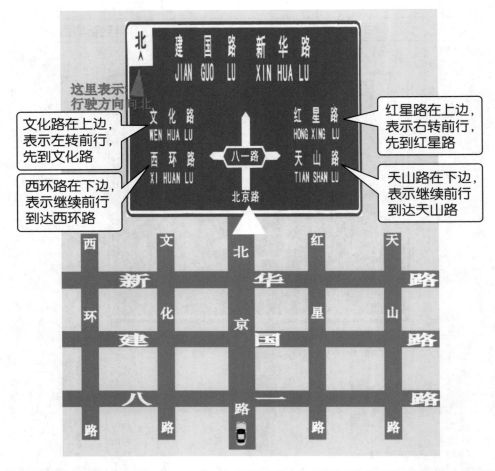

这里表示行驶方向向北

文化路在上边，表示左转前行，先到文化路

西环路在下边，表示继续前行到达西环路

红星路在上边，表示右转前行，先到红星路

天山路在下边，表示继续前行到达天山路

　　这个标志牌向左的方向表示，如果左转后前行，首先到达的是文化路，然后到达西环路。就是说首先到达的是和北京路平行的文化路，然后是和北京路平行的西环路。在标志牌上，离我们近的文化路标在上面，离我们远的西环路标在下面，这就是上近下远的原则。

　　根据这个原则，往右转，前行，首先到达和北京路平行的红星路，继续前行，到达和北京路平行的天山路。

　　上近下远原则，在高速公路和城市快速路入口、出口标志牌也有类似的情况。这种情况下，如果地点名称不表示距离远近时，就表示前方将有几个方向的出口。

机动车强制报废标准规定

　　第一条　为保障道路交通安全、鼓励技术进步、加快建设资源节约型、环境友好型社会，根据《中华人民共和国道路交通安全法》及其实施条例、《中华人民共和国大气污染防治法》《中华人民共和国噪声污染防治法》，制定本规定。

第二条　根据机动车使用和安全技术、排放检验状况，国家对达到报废标准的机动车实施强制报废，对达到一定行驶里程的机动车引导报废。

第三条　商务、公安、环保等部门依据各自职责，负责机动车强制报废标准有关执行工作。

第四条　已注册机动车有下列情形之一的应当强制报废，其所有人应当将机动车交售给报废机动车回收拆解企业，由报废机动车回收拆解企业按规定进行登记、拆解、销毁等处理，并将报废的机动车登记证书、号牌、行驶证交公安机关交通管理部门注销：

（一）达到本规定第五条规定使用年限的；

（二）经修理和调整仍不符合机动车安全技术国家标准对在用车有关要求的；

（三）经修理和调整或者采用控制技术后，向大气排放污染物或者噪声仍不符合国家标准对在用车有关要求的；

（四）在检验有效期届满后连续3个机动车安全技术检验周期内未取得机动车检验合格标志的。

第五条　各类机动车使用年限分别如下：

（一）小、微型出租客运汽车使用8年，中型出租客运汽车使用10年，大型出租客运汽车使用12年；

（二）租赁载客汽车使用15年；

（三）小型教练载客汽车使用10年，中型教练载客汽车使用12年，大型教练载客汽车使用15年；

（四）公交客运汽车使用13年；

（五）其他小、微型营运载客汽车使用10年，其他大、中型营运载客汽车使用15年；

（六）大、中型非营运载客汽车（大型轿车除外）使用20年；

（七）三轮汽车、装用单缸发动机的低速货车使用9年，装用多缸发动机的低速货车以及微型载货汽车使用12年，危险品运输载货汽车使用10年，其他载货汽车（包括半挂牵引车和全挂牵引车）使用15年；

（八）有载货功能的专项作业车使用15年，无载货功能的专项作业车使用30年；

（九）全挂车、危险品运输半挂车使用10年，集装箱半挂车20年，其他半挂车使用15年；

（十）正三轮摩托车使用12年，其他摩托车使用13年。

对小、微型出租客运汽车和摩托车，省、自治区、直辖市人民政府有关部门可结合本地实际情况，制定严于上述使用年限的规定，但小、微型出租客运汽车不得低于6年，正三轮摩托车不得低于10年，其他摩托车不得低于11年。

小、微型非营运载客汽车、大型非营运轿车、轮式专用机械车无使用年限限制。

机动车使用年限起始日期按照注册登记日期计算，但自出厂之日起2年内未办理注册登记手续的，按照出厂日期计算。

第六条　变更使用性质或者转移登记的机动车应当按照下列有关要求确定使用年限和报废：

（一）营运载客汽车与非营运载客汽车相互转换的，按照营运载客汽车的规定报废，但小、微型非营运载客汽车和大型非营运轿车转为营运载客汽车按照附件2所列公式核算累计使用年限，且不得超过15年；

（二）不同类型的营运载客汽车相互转换，按照使用年限较严的规定报废；

（三）小、微型出租客运汽车和摩托车需要转出登记所属地省、自治区、直辖市范围的，按照使用年限较严的规定报废；

（四）危险品运输载货汽车、半挂车与其他载货汽车、半挂车相互转换的，按照危险品运输载货车、半挂车的规定报废。

距本规定要求使用年限1年以内的机动车，不得变更使用性质、转移所有权或者转出登记地所属地市级行政辖区。

第七条 机动车达到下列行驶里程，以及自愿报废的机动车，其所有人可以将机动车交售给机动车回收拆解企业，由报废机动车回收拆解企业按规定登记、拆解、销毁，并将报废的机动车登记证书、号牌、行驶证交公安机关交通管理部门注销：

（一）小、微型出租客运汽车行驶60万千米，中型出租客运汽车行驶50万千米，大型出租客运汽车行驶60万千米；

（二）租赁载客汽车行驶60万千米；

（三）小型和中型教练载客汽车行驶50万千米，大型教练载客汽车行驶60万千米；

（四）公交客运汽车行驶40万千米；

（五）其他小、微型及大型营运载客汽车行驶60万千米，其他中型营运载客汽车行驶50万千米；

（六）小、微型非营运载客汽车和大型非营运轿车行驶60万千米，中型非营运载客汽车行驶50万千米，大型非营运载客汽车行驶60万千米；

（七）装用单缸以上发动机的低速货车行驶30万千米，微型载货汽车行驶50万千米，危险品运输载货汽车行驶40万千米，其他载货汽车（包括半挂牵引车和全挂牵引车）行驶60万千米；

（八）专项作业车、轮式专用机械车行驶50万千米；

（九）正三轮摩托车行驶10万千米，其他摩托车行驶12万千米。

第八条 本规定所称机动车是指上道路行驶的汽车、挂车、摩托车和轮式专用机械车；非营运载客汽车是指个人或者单位不以获取利润为目的的自用载客汽车；危险品运输载货汽车是指专门用于运输剧毒化学品、爆炸品、放射性物品、腐蚀性物品等危险品的车辆；变更使用性质是指使用性质由营运转为非营运或者由非营运转为营运，小、微型出租、租赁、教练等不同类型的营运载客汽车之间的相互转换，以及危险品运输载货汽车转为其他载货汽车。本规定所称检验周期是指《中华人民共和国道路交通安全法实施条例》规定的机动车安全技术检验周期。

第九条 依据本规定第五条制定严于上述小、微型出租客运汽车或者摩托车使用年限标准的，省、自治区、直辖市人民政府有关部门应当及时向社会公布，并报国务院商务、公安、环保等部门备案。

第十条 上道路行驶拖拉机的报废标准规定另行制定。

附件1 机动车使用年限及行驶里程汇总表

车辆类型与用途					使用年限/年	行驶里程参考值/万千米
汽车	载客	营运	出租客运	小、微型	8	60
				中型	10	50
				大型	12	60
			租赁		15	60
			教练	小型	10	50
				中型	12	50
				大型	15	60
			公交客运		13	40
			其他	小、微型	10	60
				中型	15	50
				大型	15	60
		非运营	小、微型客车、大型轿车		无	60
			中型		20	50
			大型		20	60
	载货		微型		12	50
			重、中、轻型		15	60
			危险品运输		10	40
			三轮汽车、装用单缸发动机的低速货车		9	无
			装用多缸发动机的低速货车		12	30
	专项作业		有载货功能		15	50
			无载货功能		30	50
挂车		半挂车	集装箱		20	无
			危险品运输		10	无
			其他		15	无
		全挂车			10	无
摩托车		正三轮			12	10
		其他			13	12
轮式专用机械车					无	50

附件2 非营运小微型载客汽车和大型轿车变更使用性质后累计使用年限计算公式

$$累计使用年限 = 原状态已使用年 + \left(1 - \frac{原状态已使用年}{原状态使用年限}\right) \times 状态改变后年限$$

　　备注：公式中原状态已使用年中不足一年的按一年计算，例如，已使用2.5年按照3年计算；原状态使用年限数值取定值为17；累计使用年限计算结果向下圆整为整数，且不超过15年。